Пилигримы

Пилигримы

Copyright © 2023 by Barov publishing

ISBN 9781644397251

Гайто Газданов

ПИЛИГРИМЫ

"Dear God, give us strength to accept with serenity the
things that cannot be changed.
Give us courage to change the things that can and should
be changed. And give us wisdom to distinguish one from
the other"[1].

Слова, приписываемые адмиралу Харту

Когда Роберт читал романы, он почти каждый раз
испытывал по отношению к их героям нечто вроде
бессознательной зависти. Если книга, которая ему попадалась,
была написана с известной степенью литературной
убедительности, у него не возникало сомнения, что ее герои
могли прожить именно такую жизнь и пройти именно через те
чувства и события, изложение которых являлось содержанием
романа. Как почти всякий читатель, он ставил себя на место
того или иного героя, и его воображение послушно следовало
за авторским замыслом. Но когда он прочитывал последнюю
страницу, он снова оставался один — в том мире и в той
действительности, где не было и, казалось, не могло быть
ничего похожего на это богатство происшествий и чувств. В его
личной жизни, как он думал, никогда ничего не происходило.
Он упорно старался найти объяснение этому, но объяснения,
казалось, не было. Ему не пришлось испытать ни очень
сильных чувств, ни бурных желаний; и сколько он ни искал в
своей памяти, он не мог вспомнить за все время ни одного
периода его существования, о котором он мог бы сказать, что
тогда он был понастоящему счастлив или по-настоящему
несчастен или что достижение той или иной цели казалось бы
ему вопросом жизни или смерти. И оттого, что его личная
судьба была так бедна душевно по сравнению с судьбой других
людей, о которых были написаны эти книги, он начинал

---

[1] "Возлюбленный Господь, дай нам силу принимать со спокойствием
те обстоятельства, которые нельзя изменить. Дай нам мужество
изменить те обстоятельства, которые могут и должны быть изменены.
И дай нам мудрость отличать первые от вторых" (анг.)

смутно жалеть о чем-то неопределенном, что могло бы быть и чего не было.

Может быть, отчасти это происходило так потому, что он никогда не знал никакой нужды. Его отец, крупный краснолицый человек пятидесяти лет, начал свою трудовую жизнь механиком. Но это было давно, почти тридцать лет тому назад. Теперь он был владельцем автомобильного завода и акций нескольких предприятий. Своему сыну он не отказывал ни в чем и только неизменно удивлялся, что требования Роберта были такими скромными. Он не понимал, почему Роберту, с его возможностью иметь много денег и тратить их как ему нравилось, нужны были только такие незначительные суммы. Он не понимал, почему его сын, атлетический молодой человек, недавно кончивший университет, никуда не ходит, ничем не интересуется и большую часть времени проводит дома, за книгами. — Когда же ты будешь жить? — спрашивал он его. — Я вовсе не требую от тебя, чтобы ты вел себя Бог знает как. Но скажи мне, пожалуйста, на кой же черт я работал всю жизнь, как негр? Ты бы хоть в Folies Bergkres пошел.

Такие разговоры происходили довольно часто, не непременно в этой форме, но всегда об одном и том же. И каждый раз они не приводили ни к чему. Роберт Бертье не испытывал ни малейшего тяготения к той жизни, о которой мечтали многие его сверстники — и не только они. Он находил, что программы огромных мюзик-холлов чаще всего отличаются дурным вкусом, который неизменно его коробил. Ночные кабаре вызывали у него скуку или отвращение. Он бывал неоднократно во всех этих местах — в период кратковременного своего брака с Жоржеттой, которая была готова там проводить сутки.

Он сидел в своем любимом кресле у окна и думал о Жоржетте. Он вспоминал, как радовался его отец, Андрэ Бертье, как он заказывал свадебный обед и как бурно он поздравлял Роберта. Он понимал, что женщины типа Жоржетты должны были нравиться его отцу. Но сам Роберт начал уставать от ее присутствия через неделю после брака.

Она родилась в Вильфранш, на берегу Средиземного моря, и в ней издали можно было узнать южанку — по черным ее волосам, по блестящим глазам такого удивительно темного цвета, которого потом Роберт никогда не встречал, по звонкому ее голосу и по необыкновенной быстроте ее речи. У нее было чуть полноватое для восемнадцатилетней девушки тело, на котором после малейшего усилия выступали капельки пота. И этот запах ее разгоряченного тела был именно тем, что больше

2

всего запомнилось Роберту. Ее любовь казалась ему слишком шумной и слишком бурной, ее укусы и крики во время объятий невольно раздражали его. Но главное, что он ставил ей в вину, — что, кроме этого бурного движения, у нее не было ничего. Она никогда ни о чем не задумывалась, у нее не хватало терпения прочесть хоть одну книгу до конца, и с ней не о чем было говорить. Она могла танцевать сколько угодно, два раза ужинать или обедать, ехать куда угодно и когда угодно, потом лечь в постель и мгновенно, на полуслове, заснуть. Но, проснувшись, она вскакивала с кровати, и все опять начиналось сначала. Он прожил с ней ровно шесть месяцев. Она несколько раз плакала, звучно всхлипывая, сморкаясь и упрекая его в жестокости, но через минуту забывала об этом и уходила переодеваться, чтобы опять с ним куда-нибудь ехать — в доказательство того, что их ссора забыта и что они все простили друг другу. Она знала все танцы, все модные романсы, все кабаре, всех певцов, певиц и скрипачей из цыганских или румынских оркестров, все рестораны и все блюда, которыми они славились. И когда однажды она уехала на неделю в Вильфранш, к матери, как она говорила, — потом выяснилось, что это была неправда и она оставалась в Париже, — и затем вернулась и сказала Роберту с непривычно серьезным выражением лица, что надо иметь мужество смотреть истине в глаза, — он взглянул на нее с нескрываемым удивлением, — и что они не созданы друг для друга, он впервые за все время испытал необыкновенное облегчение.

— Мне тоже так кажется, — сказал он, — и я давно об этом думал, но мне не хотелось тебя огорчать.

Она тут же рассказала ему, что познакомилась с одним очаровательным человеком, которого зовут Антонио и который не так давно приехал из Боливии, — и что хотела бы получить развод. Роберт тотчас на это согласился.

Теперь она жила в Боливии со своим мужем, у нее было двое детей, она время от времени писала Роберту письма и присылала фотографии то каждого ребенка в отдельности, то обоих вместе, то себя с мужем, то себя одну, на террасе, в кресле, с книгой в руках. Роберт вспоминал о ней теперь, три года спустя, без всякого раздражения; и так как ее постоянное присутствие больше не стесняло его, он отдавал должное — с трехлетним опозданием — и ее несомненному очарованию, и ее непосредственности, и тому, что она была слишком простодушна, чтобы кого-либо обманывать. Но когда она его спрашивала каждые пять минут, независимо от обстоятельств, в которых это происходило, — тебе хорошо со мной? тебе хорошо со мной? — на пятый или шестой раз он должен был делать над собой усилие, чтобы не ответить ей резкостью, чего она, в конце концов, — теперь он понимал это, — не заслуживала.

Он вспоминал иногда свой короткий роман с ней, кончившийся таким же быстрым и неожиданным браком. Это было совершенно не похоже на все остальное в его жизни, и со стороны ему самому иногда начинало казаться, что он прочел это в какой-то дешевой маленькой книжке, вроде тех, которые читают в метро. Тут было соединение всех классических элементов — солнце, Ривьера, неподвижная поверхность моря и Вильфранш, где он остановился, чтобы выкупаться. Он встретил ее далеко от берега; она плыла на спине, смеясь Бог знает чему, совершенно одна. Он проплыл мимо нее, она что-то крикнула, чего он не разобрал. Он обернулся и спросил:

— Вы что-то сказали, mademoiselle?

— Здесь глубоко, вы этого не знали? — сказала она, продолжая смеяться.

Она подняла обе руки вверх, погрузилась в воду и мгновенно поднялась на поверхность. Вода шумела и булькала вокруг ее.

— Вы видите, я не достаю дна. Вы из Парижа?

— Да, — сказал Роберт, улыбаясь. — А вы, наверное, нет, не правда ли?

— Нет, я отсюда, я родилась здесь. Роберт никогда не испытывал такого удовольствия от какого бы то ни было разговора. У нее был голос одновременно глубокий и звучный, не похожий ни на чей другой. Она говорила с ним так просто и доверчиво, точно была заранее уверена в его дружеских чувствах к ней, и Роберту стало казаться, что он готов сделать все для этой девушки, говорящей с легким южным акцентом. После этой встречи в море они не расставались до поздней ночи, когда он привез ее в своем автомобиле к той вилле с невысокой железной решеткой, где она жила. До этого они были в ресторане, в кинематографе и в дансинге. Прощаясь с ним, она сказала:

— Роберт, вы мне очень нравитесь, хотя вы и парижанин. Я особенно ценю в вас то, что вы не позволили себе за весь вечер ни одной вольности по отношению ко мне: Я вам за это благодарна.

— Я очень рад, Жоржетта, что я вам понравился не за то, что я сделал, а за то, чего я не сделал.

4

— Вы можете меня поцеловать теперь, — сказала она, понизив голос.

И когда Роберт почувствовал прикосновение ее влажных и горячих губ, ему вдруг показалось, что он задыхается и что он никогда не знал ничего подобного.

— Я думаю, что я тебя люблю, — сказала Жоржетта, переводя дыхание. — Мы увидимся с тобой завтра.

Когда он предложил ей стать его женой, он знал, что этого не следовало делать. Но он не мог поступить иначе. Он был обезоружен ее безграничным доверием к нему, — она даже не знала его фамилии и вообще ничего не знала о нем в ту августовскую ночь Вильфранша, когда она стала его любовницей, и у него не могло быть сомнений, что он первый мужчина в ее жизни. Кроме того, вначале его физическое тяготение к ней было сильнее всех других соображений. Позже, узнав, что он — Бертье, сын владельца автомобильной фабрики, она обрадовалась и сказала со своим всегдашним простодушием:

— Ах, как хорошо! Ты мог бы быть мелким служащим или коммивояжером, и я все равно тебя бы любила, но это было бы скучно, нам обоим пришлось бы работать. А теперь мы будем жить, как захотим.

Ему оставалось только пожать плечами. Ему, впрочем, пришлось многому удивляться потом, по мере того, как проходило время. Невежественность Жоржетты оказалась просто неправдоподобной, — тем более что, по ее словам, она все-таки несколько лет училась в лицее. Она думала, что свет идет со скоростью тридцати километров в минуту и что закон притяжения был открыт Архимедом. Она знала, правда, несколько имен знаменитых людей, но они не были связаны в ее представлении с тем или иным видом деятельности, это были знакомые звуковые сочетания, лишенные определенного значения. Но при первом взгляде на нее становилось очевидно, что это было неважно; важно было то, что у нее блестящие черные волосы, темные глаза удивительного оттенка, радостная улыбка и простодушное очарование, которого не мог бы отрицать самый пристрастный человек. Родители Роберта ее искренне любили и были очень огорчены, когда узнали о разводе. Даже мать Роберта, «эта бедная Соланж», как неизменно называл ее отец, которая, казалось, не интересовалась в жизни решительно ничем, кроме сложных соображений о функциях своего собственного организма, — ты знаешь, Андрэ, вчера вечером я приняла слабительное, и можешь себе представить... ах, Роберт, ты не понимаешь своего

5

счастья, тебе не надо думать о печени... Андрэ, я тебе неоднократно говорила, что спаржи мне нельзя, ты забываешь о моих почках... доктор мне сказал, что даже незначительные высоты вредны для моего сердца... — даже она привязалась к Жоржетте.

— Ты не ценишь ее, Роберт, — говорила она сыну, — она просто очаровательна. А ее здоровье! Ты только посмотри на цвет ее лица, посмотри, как она ходит, как она вскакивает, как она играет в теннис! И если ты ее спросишь, что такое самое пустяшное недомогание, она тебя не поймет.

— Но, мама, ты забываешь, что ей восемнадцать лет.

— Ах, милый мой, для болезни нет возраста, ты уж мне поверь. Я не претендую на особенные знания в какой бы то ни было области, но уж это-то я знаю, к сожалению, на собственном опыте.

И когда Роберт уходил, она опять погружалась в чтение — потому что то время, которое у нее оставалось после визитов к докторам и практических забот о здоровье, она посвящала изучению всевозможных трактатов о терапевтике, хирургии и методах клинического исследования.

— Я очень люблю твою мать, это достойнейшая женщина, — говорил Роберту отец. — Но, ты понимаешь, ей совершенно нечего делать и не о чем заботиться. Чтобы заполнить эту пустоту, она выбрала болезни. Между нами говоря, она, к счастью, не больше больна, чем мы с тобой.

В течение того времени, что Роберт был женат на Жоржетте, у его отца не было оснований жаловаться на недостаточные расходы сына. Андрэ Бертье купил и обставил Роберту квартиру; кроме того, всюду, где появлялась Жоржетта, деньги начинали уходить с необыкновенной быстротой — на театр, концерты, кабаре, дансинги, платья, цветы. Когда она изредка оставалась дома, она читала иллюстрированные журналы и, захлебываясь от детского и наивного восторга, рассказывала Роберту, что в такую-то, непременно самую роскошную, гостиницу на Ривьере прибыли — знаменитая американская артистка и красавица, египетский принц, путешествующий инкогнито и яхта которого стоит в Каннах, знаменитый писатель, знаменитый декоратор, знаменитый... Он пожимал плечами.

— Не все ли тебе равно?

— Мне так хотелось бы с ними познакомиться.

— Зачем?

— Ну, они такие интересные люди, это не может быть иначе. Вот посмотри на ее фотографию.

И она показывала ему портрет знаменитой артистки. Со страницы журнала на него смотрело прекрасное женское лицо с правильными чертами и с огромными глазами, выражавшими спокойную глупость. Немного ниже был представлен египетский принц с туго напомаженными волосами и парикмахерской физиономией, в которой, однако, проступало нечто человеческое и даже чем-то приятное. Позже, впрочем, выяснилось, что он был не египетским принцем, за которого себя выдавал, а подданным одного из южноамериканских государств, которого разыскивала полиция всех европейских стран за многочисленные мошенничества. Жоржетту нельзя было оторвать от этих журналов, и она искренне не могла понять, почему Роберт смеялся над фотографиями и статьями о частной жизни знаменитых красавиц, гонщиков, боксеров, танцовщиц и певцов, над их перепиской с читателями, напечатанной тут же. Он несколько раз пытался ей объяснить, что он думает по этому поводу, но убедился, что это было напрасной потерей времени.

Он был искренне рад, когда узнал, что она собирается замуж за Антонио, с которым она его познакомила и который, конечно, подходил ей гораздо больше, чем Роберт: он прекрасно танцевал, играл на гавайской гитаре, никогда не ложился спать раньше четырех часов утра и был так же далек в своих взглядах от каких бы то ни было сомнений, как была далека от них Жоржетта. «Мы плывем по огромному океану, — писала она ему с дороги в Боливию, — южная ночь, звезды, играет мексиканский оркестр. Вчера за обедом мы ели замечательную курицу, а после обеда танцевали. Мой дорогой Роберт, поймешь ли ты когда-нибудь, что такое настоящая жизнь?»

Нет, Роберт был убежден, что этого он не поймет никогда. Он не представлял себе, каким образом с ним могла бы произойти такая метаморфоза, в результате которой та жизнь, какую Жоржетта называла настоящей, вдруг приобрела бы для него хоть малейшую привлекательность.

Но все-таки в чем-то Жоржетта была права. Можно было обладать известной культурой и известным вкусом и относиться с пренебрежением к тому убогому вздору, который она читала с такой жадностью. Но это вовсе не значило, что все это должно было сопровождаться отсутствием того вкуса к жизни, который был так очевиден и у Жоржетты, и у Андрэ Бертье, его отца. Он предетавлял себе, что с ним будет через десять или двенадцать лет, и от этих мыслей ему становилось неуютно. До сих пор в его существовании не было, казалось,

7

ничего, что стоило бы защищать до конца или чего стоило бы добиваться. Только в спорте, которым он много занимался до последнего времени, ему иногда удавалось заставить себя сделать огромное усилие, чтобы добиться определенного результата или выиграть состязание.

Жоржетта говорила ему:

— По внешнему виду ты ничем не отличаешься от нормального человека. Но я не могу отделаться от впечатления, что в твоих жилах течет не кровь, а вода.

Он напомнил ей эту фразу полушутя, когда она сказала ему, что собирается замуж за Антонио, и спросил, произвела ли она анализ крови у него, чтобы узнать, нет ли воды и в его жилах. Она расхохоталась, глаза ее сузились, рот открылся, и стало видно ее темно-розовое нёбо.

— Можешь быть спокоен, — сказала она сквозь смех, — никакого анализа не нужно.

Отец, мать, Жоржетта, — что еще было в его жизни? Пожалуй, единственное, что имело отвлеченную и постоянную ценность, это были книги. Он истратил на них целое состояние. Когда отец пришел к нему однажды, после того как почти вся библиотека была составлена, он только покачал головой и долго смотрел на плотно уставленные корешки. Потом он поднял глаза на сына и сказал:

— Это солидно. Ты все это прочел и понял?

— Мне кажется, что да. Но, может быть, это иллюзия.

— Ну да, один раз ты понимаешь так, другой раз то же самое ты понимаешь иначе. Я себе это так представляю.

Мать посмотрела не очень внимательно и ничего не сказала. Роберт подумал, что ее, вероятно, огорчило отсутствие медицинских книг — без них, с ее точки зрения, всякая библиотека могла иметь только относительную ценность.

Он не задумывался над тем, почему именно книги интересовали его больше, чем все остальное. Но если бы его спросили, что он считает самым важным в жизни, и если бы его природная медлительность не помешала бы ему сразу сосредоточить свое внимание на этом вопросе, он, вероятно, ответил бы, что ему казалось самым существенным — понять, почему люди живут так или иначе, почему возникают те или иные религии или системы идей, как идет жизнь и каков в каждом отдельном случае или в каждом произвольном отрезке времени смысл того или иного факта. Но ему не приходила в голову мысль, — и если бы она пришла, он тотчас же отбросил бы ее, — что это преобладание отвлеченных интересов над непосредственными объяснялось отсутствием в нем той стихийной и нерассуждающей жизненной силы, которая была так характерна для его отца. Он прекрасно понимал теоретически, отчего людей так всецело захватывает жажда личного обогащения, или политическая деятельность, или упорное стремление к какой-то ограниченной цели, незначительность которой со стороны казалась совершенно очевидной. Но так как все эти стремления — в силу разных личных причин — были ему чужды, они казались ему не стоящими усилия.

Но чаще всего он возвращался к размышлениям о своем душевном одиночестве и о своей бесполезности. И после этого он неизменно представлял себе воображаемый роман с женщиной, смутный облик которой медленно возникал перед ним. Он не мог бы сказать, какие у mee были глаза и как звучал ее голос; но в туманное представление о ней он вносил тот лирический оттенок, которого до сих пор не встречал нигде, кроме книг. Он проводил иногда целые часы, думая о том, как все это могло бы произойти, что он мог бы ей сказать, что она могла бы ему ответить, где это было бы и как она была бы одета. Потом он встряхивал головой, вздыхал и уходил из дому.

В течение нескольких лет он бесцельно бродил по парижским улицам. Он знал во многих кварталах все витрины магазинов, все повороты и вид каждого дома. Ему были так же хорошо известны те части города, где жила беднота, и когда он видел маленьких детей, игравших на тротуаре, заплатанное белье, развешенное над ржавыми балюстрадами окон, простоволосых женщин с огрубевшими от стирки и работы руками и то непередаваемое выражение лица у всех этих людей, которое так резко отличало их от других, более богатых, ему становилось тяжело и почти что стыдно за свой костюм, свою квартиру, свою жизнь. Он думал тогда о том, что против этой очевидной и жестокой несправедливости были бессильны любые государственные и политические теории, потому что во всех странах мира царила в этом смысле железная неизменность: одни жили безбедно и комфортабельно, не переутомляя себя работой, существование других проходило в тяжелом труде и бедности, и никакой коммунизм не мог сделать так, чтобы это стало иначе, — если даже допустить, что он к этому стремился.

Он просидел в кресле, не двигаясь и стараясь не думать ни о чем, до тех пор, пока не раздался телефонный звонок. Андрэ Бертье напоминал ему, что сегодня вечером он ждет его к обеду. Роберт нехотя переоделся, вышел из дому и направился пешком туда, где жили его родители. Это было недалеко, в двадцати минутах ходьбы.

Подходя к дому, он заметил, что перед входом стоит огромный старинный автомобиль, за рулем которого дремал шофер. По летящей цапле на пробке радиатора он тотчас узнал марку — это была «испаносюиза». Он позвонил и вошел, и ему сразу же бросились в глаза цветы, которых обычно не бывало, так как мать Роберта жаловалась, что их запах вызывает у нее головную боль, отзывающуюся, в свою очередь, самым вредным образом на ее печени... С медицинской точки зрения, — как это однажды сказал Бертье врач, — такое явление представлялось необъяснимым и единственным в своем роде. Бертье знал, однако, что, когда Соланж ссылалась на свои болезни, всякое сопротивление ее решениям было бесполезно. Это так же хорошо знал Роберт; и теперь, увидав цветы, он решил, что или болезнь печени у его матери прошла бесследно, или сегодня к ужину приглашен какой-то гость настолько важный, что перед значительностью его визита даже печень Соланж отступала на второй план.

Когда он вошел в столовую, извинившись за опоздание, он застал там очень пожилого человека с мертвым выражением глаз. Андрэ Бертье тотчас же представил сына — и Роберт узнал, что приглашенный был сенатор Симон, государственный деятель и член комиссии по экономическим делам. Рядом с ним сидела его племянница, белокурая девушка с длинными глазами, немного подведенными, и крупным ртом, похожая на какую-то кинематографическую артистку, какую, он не мог вспомнить. Но девушку он узнал сразу же, и во время ужина он думал о той ночи, когда он ее видел. Сенатор не отличался многословием, и разговор об экономических перспективах Европы, который начал с ним Андрэ Бертье, его явно не интересовал. Он отвечал лаконично и неопределенно, и Роберт заметил, что сенатор не был силен в политической экономии. Это было бесспорно: до начала своей парламентской карьеры он был чиновником почтового ведомства. Он зато сразу оживился, когда Соланж заговорила о своей больной печени. В этой области его познания были несомненны. Тотчас же выяснилось, что у него тоже больная печень, что, кроме того, у него, — так же, как у нее, — неблагополучно с почками: и через несколько минут и он, и Соланж чувствовали себя единственными достойными собеседниками за столом.

— Вы, конечно, знаете, madame, — говорил он, — те утренние ощущения, какие характерны для известного периода, который... замечали ли вы, что некоторые физиологические явления, носящие характер весьма далекий, казалось бы, от того, что принято считать результатом недостаточно интенсивного действия печени, нередко объясняются, вопреки распространенному заблуждению.

— Да, да, и кажущаяся трудность диагноза...

— Чисто внешняя, madame, чисто внешняя...

— Я именно это хотела сказать. Я имею в виду, например...

Роберт рассеянно слушал их разговор и думал о том вечере, когда, выходя из театра, он встретил одного из своих товарищей, которого не видал год; он пригласил Роберта посидеть где-нибудь несколько минут, как он выразился, и привез его в русское кабаре. Роберт даже не помнил точно, где именно оно находилось. В маленьком зале был полусвет, бритые гарсоны говорили со славянским акцентом, играл под сурдинку небольшой оркестр. Время от времени выступал немолодой мужчина с постоянно ласковым выражением глаз и пел по-французски, по-английски, по-итальянски и по-русски какието романсы, которых Роберт не знал и в которых неизменно говорилось об иллюзорности любви, о невозвратимой поре короткого счастья и о неизбежности расставания. Румынский еврей с печальным и важным лицом играл на скрипке, звуки рояля доходили точно издалека. У Роберта через некоторое время появилось такое ощущение, какого он до тех пор никогда не испытывал ни в одном кабаре, — что он попал к этим странным людям, которые прекрасно понимают все, и в частности то, о чем так часто думал он, Роберт Бертье, и что они знают его уже давно и всячески сочувствуют ему во всех его личных неудачах. И этому — таким же непонятным образом — не мешало то, что это были люди, говорившие и думавшие на чужом языке, и что, вообще, не могло быть ничего более обманчивого и вздорного, чем это впечатление. И все-таки оно оказалось сильнее всего.

И тогда же за соседним столиком он увидел девушку, которая теперь сидела против него, рядом с сенатором. В ту ночь она была совершенно пьяна и размахивала руками в такт музыке, и певец смотрел на нее с эстрады своими наемно-ласковыми и все понимающими глазами. Ее сопровождал молодой человек очень незначительного и очень приличного вида, которого она то обнимала, то отталкивала. До Роберта доходил ее пьяный шепот. Она говорила совершенно вздорные вещи, потом вдруг всхлипывала, но мгновенно успокаивалась и начинала вполголоса подпевать музыке. Ее спутник давно уже предлагал ей уйти, но она категорически отказывалась. И когда

Роберт выходил из кабаре, заплатив перед этим по счету какую-то уж слишком крупную сумму, она еще оставалась там: был пятый час утра. Ему запомнилась эта ночь и эта девушка с длинными глазами; но ее он запомнил только потому, что это происходило в русском кабаре и, как все, что он тогда видел, она была неотделима от этого странного впечатления, — как были неотделимы от него ласковые глаза певца и печально-важное лицо румынского еврея, игравшего на скрипке.

Сейчас, за ужином, он очень скучал. Все было ясно с первой минуты: племянница сенатора могла бы быть, по мнению его родителей, подходящей партией, сенатор мог бы быть полезен во многих отношениях. Роберт смотрел на его лицо и думал, что этот пожилой человек ни в какой степени не представлял собой психологической загадки и все, что о нем следовало сказать, могло быть сведено к нескольким словам. Его, конечно, совершенно не интересовали его парламентские занятия и раздражали проекты каких бы то ни было изменений в существующем порядке вещей — как это было характерно для большинства людей его возраста. Его всецело занимало, совершенно так же, как мать Роберта, Соланж, и по тем же причинам, состояние его здоровья, и еще точнее, его печени, и почек, и всего, что связано с их функциями. Все остальное было значительно менее важно.

Роберт из приличия заговорил все-таки с племянницей сенатора — и тотчас же выяснил, что все было так, как он предполагал: она любила то, что он презирал, и не понимала того, что он любил.

Когда гости собрались уходить, отец бросил на него быстрый и укоризненный взгляд и через секунду, точно раскаявшись, вновь посмотрел на сына с той улыбкой, которая каждый раз так меняла его лицо, грубое и умное одновременно. Роберт не мог не понять ее значения. Отец не одобрял его поведения, но, в конце концов, извинял его/потому, что не все люди должны быть одинаковы. Мать Роберта не заметила ничего: она и сенатор были единственными людьми, которые остались довольны проведенным вечером. Уходя в свою спальню, она остановилась и сказала мужу:

— Очень милый человек Симон. Я редко встречала у людей такое понимание. Что ты об этом думаешь, Андрэ?

— Мне не хотелось бы тебя огорчать, Соланж, — сказал Бертье. — Но я думаю, что он просто глуп. Я это знал давно, но это никогда не казалось мне так очевидно, как сегодня.

Роберт возвращался домой пешком, так же, как он пришел. Была холодная и ясная ночь, было начало марта. Огромные круглые фонари горели над безлюдным бульваром. Он шел и думал в тысячный раз о том, что так это продолжаться не может, что необходимо это изменить. Надо было найти цель, к достижению которой следовало стремиться, или какой-нибудь вид деятельности, который не казался бы ему явно не стоящим никакого усилия, нужно было перейти от созерцательного метода к экспериментальному, как сказал бы его профессор философии, или, наконец, самое неправдоподобное — чтобы особенное стечение внешних обстоятельств заставило его выйти из той постоянной душевной летаргии, на которую он был так безвозвратно, казалось, осужден.

* * *

Но проходили дни и недели, не принося с собой ничего нового. Все оставалось по-прежнему, менялись только названия книг, которые он читал, и каждая прочитанная книга, каково бы ни было ее содержание, словно подчеркивала то, что Роберт знал уже раньше, именно, что жизнь проходила мимо него. Раз в неделю примерно и чаще всего в самый неожиданный час звонил телефон, и голос его отца спрашивал:

— Ты дома? У меня есть немного свободного времени, я сейчас заеду к тебе.

И через четверть часа его автомобиль останавливался у подъезда, а еще через минуту он входил, садился против сына, хлопал его по колену и говорил:

— Ну что, старик, как живем? Представь себе, что этот дурак Ренэ влюбился в какую-то массажистку и стал опаздывать на службу, — понятно, ложится спать черт знает когда, и вообще все у него вкривь и вкось.

Он сидел в глубоком кожаном кресле против сына, и Роберт опять думал о том, что его отец делает все как-то особенно, со вкусом: если он курил, то было видно, что это ему доставляет удовольствие, если он сидел, то со стороны было заметно, что ему удобно сидеть; и живые его глаза на некрасивом и грубом лице смотрели перед собой почти всегда с одним и тем же выражением — спокойно, смело и немного насмешливо. Роберт смотрел на него с завистью. Несмотря на то, что Андрэ Бертье был всегда очень занят и, казалось, перегружен работой, он каким-то образом успевал узнавать множество вещей — вроде биографии или вида занятий этой массажистки, в которую был влюблен Ренэ. Его все интересовало, и, в отличие от Роберта, он находился в центре

13

сложного и быстрого движения, в котором участвовало много людей. Некоторых из них он знал, других никогда не видел, но сведения о них у него были самые подробные, и было совершенно непонятно, когда и где он успел все это узнать и запомнить и, главное, зачем ему это было нужно. И каждый раз после его ухода Роберт думал о законе наследственности и жалел, что ни одно из качеств его отца не передалось ему, кроме, пожалуй, физической силы, то есть той подробности, которую он считал самой неважной и несущественной.

Для того чтобы выйти из дому, ему приходилось делать над собой усилие. Но зная прекрасно, что его душевное состояние не могло быть названо нормальным для совершенно здорового человека его возраста, он был, однако, очень далек от отчаяния или мысли о самоубийстве. Он чувствовал в себе достаточно сил, чтобы справиться с любой задачей, которая перед ним возникла бы. Несчастье заключалось в том, что никаких задач не было, и те, какие он мог бы сам себе придумать, или те, которые ему предлагал отец, не казались ему заслуживающими внимания.

Он вышел однажды из дому после раннего обеда, в девятом часу вечера, не зная еще, куда он пойдет и что будет делать. Он дошел до середины улицы Аиiеш1, потом поехал на Большие бульвары. Был майский вечер, на улицах было много народа, террасы кафе были полны. Он вошел в кинематограф, просмотрел половину знаменитого фильма со знаменитыми артистами и вышел опять на бульвар. Был одиннадцатый час вечера. Он шел по бульвару, потом свернул, сам не зная почему, на rue St.Denis и прошел несколько шагов, рассеянно глядя на темные старые дома, на уличные фонари, на женские силуэты, проходившие мимо него. Вдруг его остановил сдавленный, почти хрипящий, — что сразу обратило на себя его внимание, — голос:

— Ты идешь со мной?

Он не обернулся бы, если бы его не поразил этот особенный сдавленный звук. В двух шагах от него, почти у порога ярко освещенного небольшого кафе, стояла — как ему сначала показалось — девочка лет пятнадцати с испуганными глазами. На ней была серая блузка и очень короткая клетчатая юбка. У нее было асимметричное лицо, глаза средней величины и большой, неумело накрашенный рот, губы которого дрожали. Несколько позади, засунув руки в карманы, стоял высокий узкоплечий человек в сером костюме и в шляпе, сдвинутой набок. Во всем этом было что-то странное, чего Роберт не мог сначала определить, — и вид этой девочки, и

14

непонятно сдавленный ее голос, и эта немая фигура мужчины с покатыми и узкими плечами. До сих пор Роберт никогда не отвечал на обращения проституток и проходил, глядя невидящими глазами мимо них. Но эта была настолько не похожа на других, что он невольно остановился. В трагическом ее хрипе ему послышалось что-то неподдельно тревожное.

— Иди сюда, — сказал он. Она подошла ближе. Он остановил проезжавшее такси, отворил дверцу, почти втолкнул ее туда и сказал шоферу:

— Поезжайте по бульварам к площади Мадлен. Она неподвижно сидела, откинувшись назад. Автомобиль катился бесшумно. Горели витрины, блестели фонари встречных машин — и ему вдруг показалось, что они едут по огромному и освещенному туннелю и что он уже давно когда-то все это видел и чувствовал, может быть, в забытой книге, может быть, во сне. Наконец он спросил:

— Ты давно занимаешься этим ремеслом? И тогда она, не отвечая, прижала голову к коленям и заплакала. Ему сразу стало ее жаль. Во всей ее фигуре, в ее худом, скорченном теле и в ее тихом плаче было что-то действительно вызывающее сострадание, и у Роберта передернулось лицо. Но голос его звучал так же спокойно, как всегда.

— Не надо плакать, — сказал он. — Ничего страшного не происходит. Что с тобой?

Он попытался приподнять ее лицо, но она отрицательно и с отчаянием покачала головой и продолжала вздрагивать, уткнувшись в колени. Шофер, повернувшись к Роберту, сказал:

— Мы подъезжаем к площади Мадлен. Куда ехать дальше?

— Спуститесь на набережную и сверните направо, — ответил Роберт. — Я вас остановлю, когда будет нужно.

Они проехали еще несколько сот метров. Плач девочки стал почти неслышным. Он тронул ее за плечо и спросил:

— Ну что? Почему ты плачешь? Ты меня боишься?

— Нет, теперь уже не боюсь, — сказала она, поднимая голову. Лицо ее было пересечено черными вертикальными полосами от риммеля.

— Так что, с тобой можно, наконец, разговаривать? Вытри лицо, ты Бог знает на кого похожа.

Она послушно достала из сумки платок и вытерла щеки и глаза.

— Как тебя зовут?

— Жанина.

— Сколько тебе лет?

— Восемнадцать. Вы не инспектор полиции?

— Нет, — сказал он. Ему показалось удивительным, что она говорила ему «вы», как ему вообще казалось странным все ее поведение.

— Отчего ты плакала?

Она первый раз за все время прямо посмотрела на него. У нее были печальные и серьезные глаза, в глубине которых застыло выражение далекого страха. Она пожала плечами и ответила:

— Если я вам скажу правду, вы мне не поверите.

— Как ты это можешь знать заранее? Она опять пожала плечами и сказала:

— Вы должны были быть моим первым клиентом.

— Что? — с изумлением спросил он. — Первым клиентом? Это правда?

— Видите, я вам сказала, что вы мне не поверите.

Они подъезжали к мосту Альма. Он остановил автомобиль и расплатился с шофером. Держа ее под руку, — она была на голову ниже его, — он перевел ее через площадь, подошел к стоянке такси, сел в последнюю машину и дал шоферу свой адрес. И когда автомобиль двинулся, он подумал, что, если бы еще час тому назад ему сказали бы, что он ответит на обращение проститутки и повезет ее к себе, он пожал бы плечами и решил бы, что человек, который это говорит, — сумасшедший.

— Куда вы меня везете? — спросила она и, не дождавшись ответа, прибавила:

— Впрочем, мне все равно. Я вас больше не боюсь.

— Мы едем ко мне, в мою квартиру, — сказал Роберт.

— Вы богатый?

— Да, — неохотно сказал он.

Она покачала головой и ничего больше не сказала.

Такси остановилось перед двухэтажным особняком. Роберт жил во втором этаже. Квартира первого, давно и наглухо запертая, принадлежала старому голландцу, который жил в Америке и уже несколько лет не приезжал в Париж. Роберт отворил железную калитку небольшого сада перед домом и нажал на кнопку справа от входа. На первой площадке лестницы зажегся электрический стеклянный факел, который держала в руке голая бронзовая женщина. Ему давно хотелось убрать ее оттуда, но он не имел права этого делать: бронзовая женщина была собственностью голландца. Они поднялись по белой лестнице на второй этаж. Роберт отворил дверь и машинально, не думая ни о чем, пропустил Жанину вперед. Она с удивлением посмотрела на него.

Он провел ее в кабинет. Она внимательно рассматривала все — стены, картины, полы, кресла. Потом она повернула к нему свое чуть-чуть угловатое лицо и сказала:

— Я никогда не видела таких вещей нигде, кроме как в кинематографе. Это ваша собственная квартира?

Роберт улыбнулся. Она стояла посреди комнаты, теребя в руках сумку. Он усадил ее в кресло, сел против нее, предложил ей папиросу, — она с жадностью закурила, — и сказал:

— Ну, теперь расскажи мне все, что ты можешь рассказать о себе. Только не надо врать, это бесполезно.

— о нет, — сказала она, — я не буду врать. Я скажу вам все. Я из очень бедной семьи. Мой отец был венгр; он давно умер. Моя мать француженка, она была поденщица. Она умерла три месяца тому назад. Я родилась в Париже, мы жили на rue Dunios.

— Где это, rue Dunios?

— Она выходит на Boulevard de la Gare.

— Да, верно, — сказал Роберт, — я ее теперь вспоминаю.

И он действительно вспомнил, как однажды, несколько лет тому назад, он был вместе с отцом на этой улице. Они осматривали там сахарный завод, на котором работали темнолицые, оборванные арабы. Он увидел перед собой эту узкую улицу с низкими домами, окна, заткнутые тряпками, и длинную ее перспективу неправдоподобной мрачности. Он закрыл на секунду глаза, и весь этот район возник в его памяти — район, который он потом обходил пешком: Boulevard de la Gare, rue du Chateau des Rentiers, rue Dunois, rue Chevaleret, rue Jeanne D'Arc — и внизу, на набережной Сены, грязные кафе, татуированные прохожие, неряшливые, простоволосые женщины — та парижская беднота, о которой ему как-то сказал отец:

— Я знаю ее хорошо, я сам из нее вышел. Я с тобой согласен, что это чудовищно и несправедливо и что эти люди заслуживают более человеческих условий существования. Да, да, я все это знаю. Но я не думаю, чтобы это могло быть изменено.

— Продолжай, — сказал Роберт, обращаясь к Жанине. — Расскажи мне, как ты попала на rue St.Denis и почему я должен был стать твоим первым клиентом.

Она опять прямо посмотрела на него, и он заметил, что ее зрачки расширились и мгновенно сузились снова. Она ни разу до сих пор не улыбнулась ему.

— Когда моя мать умерла, — сказала она, — у меня совсем не было денег и я продолжала свою работу.

— Что ты делала?

— То же, что она, я была поденщицей. Но я скоро ушла с этого места.

Роберт ожидал классического продолжения: хозяин к ней приставал, она оттолкнула... Но он ошибся. Жанина сказала, что ее обвинили в краже денег, вызвали в полицию и долго допрашивали.

— Они всё уговаривали меня сознаться, — сказала она, пожав плечами. — Я им ответила, что не могу сознаться в том, что я не делала.

К счастью для нее, деньги нашли у сына хозяина, молодого человека двадцати лет, и ее отпустили. После этого она поступила на бумажную фабрику. Потом, однажды вечером, подруги уговорили ее пойти в дансинг.

— Где именно?

Она объяснила: дансинг находился недалеко от Больших бульваров, на улице, пересекавшей rue St.Martin. Там она познакомилась с Фредом. Когда она произнесла его имя, на ее лице опять появилось то выражение страха, которое так поразило Роберта на rue St.Denis. Он пошел ее провожать, потом вошел в ее комнату, раздел ее — и в ту же ночь она перестала быть девушкой.

— Он тебе нравился? — спросил Роберт. Ему почему-то нужно было сделать усилие, чтобы задать ей этот вопрос.

— о, нет, — поспешно сказала она. — Но я его боюсь. Его все боятся. Он страшный.

— И что же было дальше?

— Он сказал, чтобы я взяла расчет на фабрике, и отобрал у меня деньги. Потом он объяснил, что я буду работать, а он будет меня кормить и содержать. У него уже есть две женщины, кроме меня. И вот сегодня вечером я должна была начать работу.

Роберт вспомнил узкоплечего человека в сером костюме.

— Так это был он — в сдвинутой набок шляпе? Это он стоял сзади тебя?

Она утвердительно кивнула головой. Роберт молчал, сидя в кресле и задумавшись. Был первый час ночи, в квартире стояла полная тишина. По тихой улице изредка проезжали автомобили, и через отворенное окно был слышен легкий звук их шуршащих шин. Все было просто, как в уголовной хронике: Жанина, восемнадцать лет, горничная, обвинение в краже, очередной сутенер, rue St.Denis, — и заранее предопределенная судьба — тротуар, болезнь, тюрьма, больница, опять тротуар,

18

опять больница, потом анонимная смерть, труп Жанины в морге, потом вскрытие. Больше ничего.

— Больше ничего, — повторил он вслух. Жанина сидела против него. На ее лице было выражение усталости. Он поднялся с места и сказал:

— Ну, хорошо, мы еще поговорим обо всем этом.

— Я скоро должна вернуться, — сказала она, не поднимая глаз.

— Куда?

— Туда, на rue St.Denis. Он меня ждет. Он внимательно посмотрел на нее и в эту минуту отчетливо понял то, в чем до сих пор не успел себе сознаться: в присутствии этой девушки было нечто настолько притягательное для него, что мысль о ее уходе казалась ему совершенно дикой. Он не мог бы сказать, в чем именно заключалась эта притягательность — в интонациях ее тусклого голоса, в общем выражении ее лица, в ее зрачках или, может быть, в каких-то движениях ее тела, которые он видел, о которых он забыл и которые запечатлелись в бессознательной и безошибочной памяти его мускулов и нервов, недоступной анализу. И он не мог бы сказать, когда именно это успело произойти.

Он отрицательно покачал головой.

— Я думаю, что ты туда больше не вернешься.

— Нет, нет, — сказала она испуганно, — я не могу не вернуться. Он меня убьет.

— Можешь быть спокойна, — сказал он. — Если тебе угрожает только эта опасность, ты проживешь до ста лет. Идем. Ты, наверное, устала?

— Да.

— Прими теплую ванну, это очень хорошо против усталости.

Он взял ее за руку и провел через всю квартиру к ванной. Там он открыл оба крана — холодной и горячей воды. Жанина смотрела своими испуганными глазами на матовый отблеск ванны, на сверкание никелированных кранов.

— Подожди одну минуту. — Он вышел и вернулся, неся в руках один из купальных халатов Жоржетты, который он достал из стенного шкафа. Затем он оставил Жанину одну и ушел. Через минуту он услышал, что вода перестала наполнять ванну, и еще через несколько минут до него донесся легкий плеск тела, погружавшегося в воду. Он стоял на пороге комнаты, из которой был ход в ванную, и испытывал непонятное томление, такое же неожиданное, как та неопределимая притягательность Жанины, о которой он подумал несколько минут тому назад. Он невольно представил себе ее тело в ванне, — колени, худые плечи, грудь, — и, встряхнув головой, вышел из комнаты.

Он вернулся в кабинет и снова сел в кресло. Мысли его шли с непривычной беспорядочностью. «У тебя в жилах не кровь, а вода...», rue St.Denis, Фред, Жанина, будущая ее судьба — если все будет так, как должно быть. А если это будет иначе? Окно было отворено, ставни прикрыты неплотно, за окном была неподвижная майская ночь.

Она вошла, беззвучно ступая по ковру, и показалась ему неузнаваемой в белом мохнатом халате Жоржетты. Он сначала встал с кресла, потом снова сел, затем опять встал. Она сказала:

— Спасибо вам за то, что вы были так добры ко мне.

Он рассеянно слушал ее голос, не очень понимая, что она говорит. Потом он подошел к ней совсем близко — она не двинулась с места, прямо глядя в его лицо, — затем он обнял ее, и тогда она охватила его шею руками и поцеловала его в губы с девичьей нежностью, которая показалась ему трогательной и невыразимой. Потом, оторвавшись от него, она спросила:

— Как твое имя?

— Это неважно, — сказал он, делая над собой усилие. — Меня зовут Роберт.

Он провел с ней большую часть ночи, глядя в ее расширенные глаза и слушая то, что она говорила и что он знал давно, со всеми вариантами и повторениями, и что было тысячи раз написано в романах о любви — она никогда не любила никого, она никогда не понимала, что это значит, и понимает это только теперь, и она никогда не забудет этого и всю жизнь... Он слушал ее и время от времени низкий и вкрадчивый голос той женщины из русского кабаре, которая сменила певца с ласковыми глазами, смутно доходил до него, принося с собой неопределимую лирическую мелодию, стремившуюся, в сущности, передать то, что он чувствовал сейчас, охватив руками худое и теплое тело Жанины и видя так близко перед собой ее разгоряченное и изменившееся лицо. И все, что она говорила ему и что во всяких других обстоятельствах вызвало бы у него только пренебрежительную улыбку над убожеством и неубедительностью этих выражений, казалось ему необыкновенно значительным и самым замечательным, что он слышал до сих пор. Это была первая ночь в его жизни, когда все, что составляло его существование, вдруг забылось и исчезло, и смутное, огромное представление о внешнем мире приняло очертания Жанины — ее лицо, груди, живот, ноги, — и он чувствовал, что его сознание почти растворяется в этой близости к ней и что по сравнению с этим все остальное неважно.

Он поднялся с кровати, когда уже начинало светать. Жанина только что заснула, повернувшись лицом к стене. Он посмотрел прояснившимися, наконец, глазами на ее взлохмаченную голову и ровную юношескую спину, не прикрытую простыней, и вышел из комнаты. Затем он взял из ванной все ее вещи и спрятал их в стенной шкаф, который запер на ключ. Потом он пошел в другую комнату, постелил себе кровать, лег и мгновенно заснул крепким сном.

* * *

Ему снилось чье-то лицо, одновременно знакомое и неузнаваемое, которое смотрело на него с немой выразительностью. Вокруг был тропический пейзаж — красные скалы, раскаленные солнцем, желтый песок на берегу океана, ствол пальмы, обвитый ползучим растением, легкий плеск волны невдалеке. Он открыл глаза и увидел Жанину, которая сидела на краю постели.

— Доброе утро, Роберт, — сказала она, и ему показалось, что ее голос стал звучнее, чем вчера.

— Здравствуй, Жанина, — сказал он. — Ты давно встала?

— Да, уже больше часа.

Он смотрел на нее с улыбкой.

— И ты не нашла своих вещей? Она отрицательно покачала головой.

— Ты хотела одеться и уйти, чтобы я тебя не видел?

— Да.

— Тебе здесь нехорошо?

— О! Как ты можешь это спрашивать? — сказала она. — Ты знаешь, почему я хотела уйти.

— Потому что ты его боишься?

Она ответила:

— Теперь больше, чем когда-нибудь. Потому что раньше я боялась за себя. Сейчас я боюсь за тебя. Я не хочу, чтобы с тобой чтонибудь случилось по моей вине.

— Ложись рядом со мной, — сказал Роберт. — Я успел по тебе соскучиться.

Она сбросила халат и опять осталась совершенно голой, и он отчетливее, чем вчера, увидел ее невысокие, далеко расставленные груди, впалый живот и длинные ноги с большими ступнями. Через четверть часа она сказала:

21

— Я не такая дура, как ты, может быть, думаешь. Я знаю, что это не может так продолжаться, как сейчас. И это мне очень жаль, потому что я тебя люблю.

И она сказала, что никогда не забудет, как она была счастлива в эту ночь — даже если этой ночи суждено быть единственной в ее жизни.

— Ты богатый, Роберт, — говорила она, обнимая его шею рукой, — у тебя есть родители, квартира, состояние. Что ты хочешь сделать со мной? Ты хочешь, чтобы я осталась здесь на две недели, — а потом ты мне дашь денег и скажешь, чтобы я возвращалась на rue St.Denis?

— Продолжай, — сказал он, улыбнувшись.

— Ты напрасно улыбаешься, — сказала она. — Если я уйду сегодня, я буду вспоминать всегда о том, как я была счастлива. Если я уйду через две недели, это будет в тысячу раз тяжелей. И если ты меня любишь, отпусти меня теперь.

Он молчал, закинув руки за голову и глядя в потолок далекими глазами. Потом он повернул к ней лицо, на котором было выражение холодной восторженности, и сказал:

— Все это неважно, Жанина. Важно то, что ты останешься здесь совсем.

Она вскрикнула от неожиданности, как вскрикнула бы от укола или от удара.

— Ты сошел с ума, Роберт! Это невозможно, это немыслимо!

— Почему? — спросил он своим спокойным голосом.

— Послушай, — сказала она терпеливо. — Я вчера должна была стать проституткой. До этого я работала поденщицей, потом я была на фабрике. Вот моя жизнь. Кроме того, ты ничего не знаешь обо мне: может быть, я воровка; может быть, я преступница. Ты увидел меня вчера первый раз в жизни. А потом еще другое...

— Да, да, я слушаю.

Она запнулась, потом проговорила:

— Если бы я действительно осталась здесь, — что ты сказал бы твоим родителям и твоим знакомым? И как бы ты им меня показал? Нет, нет, об этом не может быть речи.

— Ты уступила Фреду неделю тому назад? А мне ты уступить не хочешь?

На ее глазах показались слезы, и ему стало жаль, что он сказал эту неловкую и ненужную фразу.

— Я не уступила ему, я сопротивлялась, — сказала она. — Но я его боялась до дрожи. Тебя я не боюсь, и мне нужно сделать усилие, чтобы оторваться от тебя. И если бы я тебе уступила, как ты говоришь, я каждый день боялась бы за твою жизнь.

— Я себя сумею защитить, Жанина.

— Ты его не знаешь, я тебе говорю, что это самый страшный человек, которого я видела. Достаточно посмотреть в его глаза, чтобы в этом убедиться.

— Ну, хорошо, — сказал Роберт. — Теперь я пойду в ванную, а потом мы будем пить кофе.

Через полчаса они оба сидели за столом. С лица Жанины все не сходило выражение тревоги, но иногда она улыбалась широкой и откровенной улыбкой, сразу ее менявшей. Роберт потом часто вспоминал это первое утро, которое он провел вместе с ней. Они говорили сначала о каких-то пустяках, которые он забыл, настолько они были незначительны. Затем, по его просьбе, она стала рассказывать ему, как она жила с родителями и как у них никогда не было денег, — потому что отец все проигрывал на скачках, хотя у него было хорошее ремесло.

— Какое именно?

— Он работал у портного, он был закройщиком.

Роберт кивнул головой.

Но у него испортилось зрение — и это его погубило. Нередко, когда он шел по улице, — как он это рассказывал жене, — перед его глазами вдруг возникало туманное облако, сквозь которое ничего не было видно, ни домов, ни автомобилей, ни людей. В тот день, когда nm не вернулся домой с работы, это, вероятно, было именно так: он переходил улицу, движение было сравнительно небольшое, но в это время перед ним снова появилось его облако, о котором, как сказала Жанина, никто не знал, ни полицейский, стоявший на углу, ни шофер огромного грузовика, спускавшегося по направлению к ближайшей площади, ни прохожие, находившиеся там в эту минуту. — Это облако, — сказала Жанина, — это была его смерть.

Он попал под грузовик и был убит на месте. Всю свою жизнь он мечтал, со слепой и упрямой наивностью бедного, что однажды он выиграет... Никакие годы опыта не могли его ничему научить. Это была его единственная надежда на улучшение — другим путем он не мог его добиться. И еще утром этого дня, последнего дня его существования, он говорил о том, что все пойдет лучше, что они поедут летом к морю, что он обратится к глазному врачу, настоящему, а не такому, как в госпитале, и что после этого над ним перестанут смеяться его товарищи по мастерской, все станет иначе, и они переедут в другой квартал. Он бормотал все это утром, выворачивая карманы, и повторял:

— Вот вы увидите, сегодня будет что-то необыкновенное.

Но так как он произносил эту фразу почти каждый раз, то ни его жена, ни маленькая Жанина не обратили на нее внимания. И только потом, когда мать Жанины вспомнила ее, зловещая ее точность вдруг стала ей понятна: неузнаваемый, изуродованный труп ее мужа лежал в анатомическом театре — с раздавленной головой, переломанной грудной клеткой и окоченевшими руками, — и только по засаленной и просроченной carte d'identité можно было узнать, что эти бедные человеческие остатки принадлежали Анатолию Ковачу, сорока двух лет, женатому, портному по профессии, жившему на rue Dunois.

Это случилось восемь лет тому назад. Жанина хорошо помнила отца и подробно описала его: он был маленький, лысый, очень тихий человек, который разговаривал сам с собой и сам себе повторял одну и ту же теорию о том, как все устроено на земле: бедным ничего нельзя, богатым можно, бедные живут плохо, богатые хорошо, и богатые не хотят, чтобы бедные становились богатыми, и всячески их преследуют. И они, чуть что, требуют у бедных деньги: государство, которое тратит миллиарды, посылает своих служащих к несчастному иностранцу, венгерскому портному, и эти служащие говорят, что он должен платить налог, как будто он миллионер; а хозяин дома, который сам живет в роскошной квартире на таком бульваре, куда бедных не пускают, угрожает выгнать его, Ковача, за неплатеж. Ковач плохо говорил по-французски, — с чем он никогда не хотел согласиться, хоть это было совершенно очевидно, — но был уверен, что понимает все и, главное, понимает самое важное — этот заговор богатых против бедных. Как это ни странно, однако он не осуждал богатых. Он только констатировал именно такое положение вещей, и его личная цель состояла в том, чтобы перейти из одной категории в другую. Законность этого противопоставления казалась ему несомненной, и он был далек от стремления изменить эту систему распределения богатств, единственный недостаток которой заключался в том, что он, Анатолий Ковач, попал по ошибке в низшую категорию, а не в высшую. Но один выигрыш на скачках мог бы изменить все — и тогда в наивном его воображении мир принимал идиллические очертания.

По вечерам он сидел за столом, опустив голову, и бормотал, как всегда, нечто длинное и почти бессвязное, комментируя постоянную свою теорию, которая обогащалась новыми данными по мере того, как проходило время. «Богатые не хотят, чтобы бедные...» Потом он брал на колени Жанину и рассказывал ей, что он снимет большую квартиру и будет сам принимать заказы, и к нему будут приходить клиенты, а в столовой будет стоять аппарат радио, по которому можно слушать Америку. Первого августа он повесит на двери картон с надписью: «Закрыто до пятнадцатого сентября по случаю каникул» — и они уедут скорым поездом на юг Франции, к берегу Средиземного моря, и там будут ходить в белых костюмах, как миллионеры, и если его будут спрашивать о его профессии, то он даст свою визитную карточку, где будет номер телефона и адрес и будет написано, что он берет заказы на штатское и военное платье и ручается за добросовестное и быстрое выполнение по ценам вне конкуренции.

Таким был Анатолий Ковач, отец Жанины. Таким, во всяком случае, он представлялся Роберту — по беспорядочному ее рассказу. И Роберт подумал, что, может быть, тогда, в это последнее утро своей жизни, когда венгерский портной переходил бульвар и перед его глазами возникло смертельное облако, он мечтал о несбыточных каникулах на берегу Средиземного моря и видел себя в белом костюме на Promenade des Anglais — и этот бедный поэтический бред вдруг так трагически оборвался в какую-то незначительную часть секунды — потому что, пересекая ему дорогу, с тяжелой стремительностью проехал грузовик, тоже принадлежавший, вероятно, богатому человеку.

Он сидел, задумавшись над судьбою этого человека. Если бы в тот день Ковач остался жив, если бы во всем, что этому opedxeqrbnb`kn и что за этим последовало, произошло бы одно незначительное изменение, то вчерашняя ночь ничем, вероятно, не отличалась бы от других и лицо Жанины, на которое он смотрел сейчас с такой жадной пристальностью, не возникло бы никогда даже в его воображении. И смерть ее отца приобретала, таким образом, значение, которого нельзя было знать тогда, восемь лет тому назад, и которое заключалось в том, что для него, Роберта Бертье, одного из богатых людей, состоявших в воображаемом заговоре против бедных, жизнь приобретала смысл, какого не имела до сих пор. Он понимал, насколько эти мысли было легко опровергнуть: далекая смерть венгерского портного была взята с предельной произвольностью, не говоря о том, что новый смысл жизни мог быть, конечно, иллюзорным. Но он впервые почувствовал с непривычной отчетливостью, что все происходящее, которое до

25

сих пор послушно поддавалось его суждению и почти всегда укладывалось в ту или иную отрицательную схему идей, мгновенно возникавшую в его мозгу, — чего бы это ни касалось, — что все происходящее теперь приобрело живую и непреодолимую убедительность, и по сравнению с ней никакая отвлеченная схема не имела ни малейшего значения.

Он думал обо всем этом, не переставая смотреть на лицо Жанины пристальными и далекими глазами. Потом он сказал с интонацией, к которой она уже начала привыкать:

— Продолжай, Жанина. Рассказывай дальше.

— Что я могу тебе рассказать? — сказала она. — Ты, наверное, знаешь столько замечательных вещей, — может ли тебя интересовать моя жизнь, в которой ничего не было, кроме бедности и огорчений? Но я тебе все-таки расскажу, чтобы ты знал обо мне все. Может быть, потом ты будешь вспоминать обо мне.

Через некоторое время после смерти и похорон отца ее мать сошлась с другим человеком, которого Жанина не любила и боялась, хотя он никогда не сделал ей зла. Он был кровельщик по профессии, но часто оставался без работы, потому что был горьким пьяницей. Материальное положение семьи еще ухудшилось. Тогда мать отправила Жанину в деревню, объяснив ей, что так будет лучше.

— Я только позже поняла, — сказала Жанина, — что я ей просто мешала. У нас была одна комната на всех, и это ее стесняло.

Она провела почти шесть лет в деревне, у деда и бабушки: у них был маленький домик, несколько кур, две утки и собака. Они жили на пенсию, которую получал дед, выслуживший ее на железной дороге. Он так до самого конца своей жизни и не мог представить себе существования вне этого: поздно вечером, когда бабушка уже давно спала, он говорил внучке, слыша отдаленный гудок паровоза:

— Ты слышишь, Жанина? Это парижский экспресс. Смотри, он опаздывает на сорок три секунды.

Днем она нередко сопровождала его; неизменно направляясь к железнодорожному полотну, он шел по полю, медленно переставляя ноги и опираясь на палку. Потом он доходил, наконец, до своего любимого поворота, садился на невысокий бугорок, всегда тот же самый, набивал свою трубку серым табаком, закуривал и ждал поезда, который через пятнадцать или двадцать минут проносился мимо него в пыли и грохоте колес. Он следил за ним глазами и каждый раз говорил одну и ту же фразу:

— Да, тут, милая моя, колесам туго приходится! Смотри, какой поворот. Ты слышишь, как они стонут? Вот, тебе будут в школе говорить, что металлы бесчувственны. Это неправда: металлу так же может быть больно, как нам с тобой.

Он строго говорил маленькой Жанине:

— Ты не думай, что это так просто — топить паровоз. Тебе кажется, что это как печка? Нет, милая моя. Вот, смотри.

И он медленно поднимался с кресла — он был стар, и было видно, что каждое движение требовало от него усилия, — и начинал бросать дрожащими руками воображаемые лопаты угля в незримую топку.

— Видишь, Жанина? Это круговое движение. Раз, два, три. Раз, два, три. Если же ты будешь бросать как попало, то у тебя потекут трубы. И, главное, не забывай манометра.

Девочка никогда не видала топки паровоза и не знала, что такое манометр. Но дедушку она слушала с увлечением — и ей казалось иногда, что они вдвоем с ним совершают далекое путешествие на огромном черном локомотиве, и вот ночью навстречу ему летит воздушная тьма, сыплются искры на землю, и в открытую, нестерпимо жаркую топку равномерно падает уголь; дедушка стоит с трубкой и смотрит на загадочный манометр.

В деревне была церковь с высокими сводами и сине-золотыми витражами, и в церкви был сумасшедший аббат, всегда говоривший непонятные вещи. Когда-то в молодости он был светским человеком и ушел в монастырь из-за любовного несчастья. Он очень не любил деда Жанины, потому что тот не верил ни в Бога, ни в загробную жизнь и никогда не бывал в церкви. Но внучке он не запрещал туда ходить. Она любила неизменный полусвет в ней, гулкий звук органа, латинские слова службы, непонятные и торжественные. Крестьяне считали аббата сумасшедшим потому, что он часто говорил так, что они его не понимали. Он сказал однажды Жанине удивительные слова о ее дедушке, смысл которых остался для нее загадочным до сих пор, но которые она запомнила, потому что они ее поразили:

— Жизнь твоего деда, Жанина, была уклонением от человеческой ответственности. Люди ездят на поездах, чтобы куда-нибудь приехать и достигнуть какой-то цели: жениться, умереть, получить наследство или утонуть. Твой дед провел всю жизнь на поездах, но он никогда никуда не ехал. Он только перевозил других людей со слепой безразличностью. Жизнь прошла мимо него, он не выполнил того долга, который был определен ему Богом, и Бог наказал его неверием. И так как он неверующий, то он попадет туда, где язычники. И если там есть подземная справедливость, то Харон уйдет в отставку, и он займет его место, которое он давно заслужил.

Он говорил это десятилетней девочке, которая слушала его с широко открытыми глазами, — и не думал о том, что она не может его понять. Она запомнила, однако, эти слова и странное ожесточение, с которым он их произносил, правую руку аббата, угрожающим жестом поднятую вверх, и то, как он уходил потом, в солнечном свете летнего дня, и как легкий ветер раздувал его черную сутану. Она потом рассказала это деду. Он невнимательно выслушал ее и ответил, что аббат сумасшедший, что это давно всем известно и что на него не надо обращать внимания. Был летний вечер, бабушка дремала, как всегда, сидя в кресле, и дедушка сказал:

— Самый неверный час — это сумерки. Каждый механик тебе это подтвердит.

Затем он дождался парижского экспресса и только потом лег спать — и таким он ей запомнился навсегда: в вязаном теплом белье, в плотном ночном колпаке на голове, с седой щетиной на морщинистых щеках, со своими неправдоподобно ровными вставными зубами, — таким, каким его нашли однажды, в то зимнее утро, когда она его видела последний раз.

Ей было тогда пятнадцать лет, она плохо себя чувствовала и часто плакала без причины, по ночам ей снились скалы, обрушивающиеся на нее, и поезда, врывающиеся в темные туннели. Это состояние продолжалось целый год, тот самый год, который прошел от смерти деда до смерти бабушки. Бабушка умерла от воспаления легких, зимой, вскоре после того, как Жанине исполнилось шестнадцать лет. Ей было шестьдесят четыре года, она никогда до этого не знала недомоганий, и если бы у нее оставалась хоть малейшая воля к жизни, она бы, наверное, поправилась. Но воля к жизни покинула ее тогда, когда похоронили деда. Она прожила с ним сорок шесть лет в этом маленьком домике, где она столько раз ждала еcп возвращения с работы, где она родила ему дочь, — и вне этого, как вне его постоянного присутствия, жизнь не имела для нее никакого смысла. Ода была простая женщина и едва умела читать, но если бы она была способна точно выразить то, в чем заключалось для нее главное значение ее существования, она, вероятно, определила бы его именно так: он и то, что окружало его, эти стены, эти кровати, эта черепичная крыша над тем небольшим пространством, где прошла ее жизнь рядом с ним, в таком бесконечно долгом соседстве. Она даже не могла бы, наверное, сказать, любила ли она его и была ли она счастлива; вероятно, любила и, вероятно, была счастлива, но и тот и другой вопрос как-то не имел отношения к ней. Самое главное было то, что это была двойная жизнь — ее и его, или его и ее, — и после его смерти ее собственное существование сразу потеряло то значение, которое возникло сорок шесть лет тому назад и которого теперь не стало.

На похороны приехала мать Жанины, — как она приезжала год назад на похороны деда, — в том же дешевом черном платье и черном пальто, которое было ей широко; она очень похудела за последнее время, под ее глазами были глубокие синие круги, цвет ее лица приобрел тревожно-сероватый оттенок, и если бы Жанина имела какоенибудь представление о болезнях, для нее было бы ясно, что срок жизни ее матери определяется теперь, быть может, несколькими месяцами. Домик был продан, маленькое наследство получено, и Жанина вернулась с матерью в Париж. Они остались вдвоем — потому что кровельщик ушел уже некоторое время тому назад, бормоча в пьяном виде, что сказка, как он сказал, прожита и кончена, и это было первый и последний раз, что он произнес слово «сказка», которое звучало в его устах с такой дикой неестественностью. Через некоторое время мать Жанины оперировали: у нее был рак груди.

— Они так изрезали это бедное тело, — сказала Жанина, и слезы выступили на ее глазах.

Она долго и мучительно болела, и Жанина провела много месяцев, ухаживая за ней, покупая лекарства, вызывая докторов, которые смотрели мимо нее невыразительными глазами и явно не хотели сказать того, что она сама прекрасно понимала, то есть что на выздоровление или даже просто улучшение не было никакой надежды. Но в тот день, когда ее мать умерла, Жанина плакала, глотая слюну и слезы, — плакала о матери и о себе, от сознания, что теперь, в этом огромном и враждебном мире, она осталась одна и ее некому защитить. После этих четырех смертей, так незаслуженно, как ей казалось, обрушившихся на нее, вокруг нее возникло пустое и холодное пространство. Ей вспомнился сон, преследовавший ее несколько лет тому назад, и мучительное ощущение, его неизменно сопровождавшее. Ей снилось, что она идет в сумерках по огромному снежному полю, — такому, какое она видела один раз в жизни, в особенно суровую зиму, — совершенно одна, и у нее не хватает сил дойти до какого-то места, до которого еще очень далеко, она движется с трудом в морозном воздухе, и, сколько хватает глаз, не видно ни одной живой души. Наконец она падает на белую, мерзлую землю, и ей кажется, что она слышит чьи-то голоса. Она делает необыкновенное усилие и встает — и вот вокруг нее та же мертвая тишина и тот же ледяной воздух, которым больно дышать.

Роберт слушал ее с напряженным вниманием. Она прервала себя и сказала:

— Вот видишь, это, кажется, все. Это не может быть для тебя интересным. И это не похоже на те необыкновенные вещи, которые показывают в фильмах.

— Да, несомненно, — сказал он.

— И я у тебя хотела спросить одну вещь.

— Да?

— Кто был Харон, о котором говорил аббат?

— Как тебе это сказать? Древние греки верили, что души умерших людей попадают в подземное царство — поэтому аббат говорил о подземной справедливости. Там они совершают странствие и, в частности, переправляются через реку Стикс. Харон был лодочник, который перевозил их с одного берега на другой. Он только это и делал всю свою жизнь, вернее, вечность. Вот почему сумасшедший, как ты говоришь, аббат сравнивал с ним твоего деда.

— Этого мне никто не мог объяснить до сих пор, — сказала Жанина. — Я спрашивала разных людей, но они этого не знали.

— А самого аббата ты не спросила?

— Нет, — сказала она, улыбаясь. — Я слишком его боялась, чтобы задавать ему вопросы.

Андрэ Бертье, единственный человек, с которым Роберт хотел поговорить и с мнением которого он считался, был в отъезде. Роберт знал, что его отец вел переговоры в Англии и в Испании и что он вернется не раньше, чем через десять-двенадцать дней. Он ждал его с нетерпением. За это время он два раза обедал дома, вдвоем с матерью; она небрежно спрашивала его, как он поживает и что делает, но невнимательно слушала его ответы и была занята, как всегда, своими постоянными заботами о здоровье, диетой, докторами, новыми лекарствами, словом, тем, чем она занималась много лет. Но даже она, при всем отсутствии интереса к жизни собственного сына, заметила то новое выражение, которое появилось в лице Роберта. Она, впрочем, истолковала это по-своему.

— У меня такое впечатление, что ты как-то изменился, —

сказала она в конце обеда. — Нет, вы же знаете, что я никогда не пью кофе, — заметила она горничной, которая по ошибке подошла к ней с кофейником. — Скажи, милый друг, ты действительно хорошо себя чувствуешь? Ты знаешь, болезнь иногда тебя сваливает сразу, но иногда она подкрадывается незаметно, и когда ты спохватишься, бывает слишком поздно. Так было с моей школьной подругой, Дениз, — ты ее помнишь? И я была единственной, которая ее своевременно предупреждала, но она не хотела даже слушать то, что я ей говорила, она была тогда увлечена какой-то там любовью. А результат ты знаешь: мы похоронили ее два года тому назад.

— Да, да, — рассеянно сказал Роберт. — То есть я хочу сказать, что в данном случае дело обстоит не так, я прекрасно себя чувствую, лучше, чем когда-либо.

Соланж покачала головой.

— Вспомни Дениз, — сказала она опять. Роберт прекрасно помнил Дениз, худенькую моложавую женщину с огромными глазами, La Grande Amourense[2] как ее называли те, кто ее хорошо знал. Он помнил ее родинку в левом углу накрашенного рта, ее легкие движения, быструю походку и голос, в котором все время точно слышался сдержанный смех. Она четыре раза была замужем, жила шумно и беспорядочно, в постоянной и совершенно неразрешимой сложности своих любовных отношений с разными людьми, и если вообще существовало что-либо, что ей было абсолютно чуждо и представление о чем никогда, казалось бы, не могло возникнуть при мысли о ней, это возможность чего бы то ни было трагического во всем, что касалось ее. Но однажды, уехав на автомобиле за город с тем, кто должен был стать через некоторое время ее пятым мужем, она внезапно умерла в номере провинциальной гостиницы от какого-то чрезвычайно короткого и страшного припадка, который продолжался всего несколько часов. Из двух врачей, присутствовавших при ее последних минутах, — лицо ее потемнело, она не приходила в себя, — ни один не мог определить, от чего, собственно, она умерла. Было объявлено, что произошло мгновенное заражение крови, совершенно необъяснимое, — и причину которого знала только Соланж Бертье — вероятно, потому, что она никогда не сомневалась в правильности своих суждений, и потому, что она ничего не понимала в медицине. И Роберт ничего не возразил матери, поступив так же, как поступал в таких случаях его отец. И так же, как его отец, он понимал, что

[2] Великую любовницу (фр.)

они оба так бережно относились к ней потому, что каждый из них любил в ней не эту блеклую Соланж со своими надоедливыми и вздорными рассуждениями о болезнях, а те воспоминания, которых не существовало бы без нее и которыми они были обязаны именно ей, и только ей: Роберт — о своем детстве, Андрэ — о своей молодости. Тогда она была другой; и они продолжали ее любить такой, какой она была тогда, и против этой любви были бессильны время и те изменения в ней, которые оно принесло с собой.

Эти первые две недели, проведенные с Жаниной, были наполнены для Роберта той значительностью, которой он так тщетно искал раньше и которой не находил ни в чем. Он засыпал рядом с Жаниной и просыпался с мыслью о ней, так, как если бы она была далеко, — в то время как их кровати разделяло расстояние в несколько сантиметров. Он никогда столько не говорил, как в эти дни, объясняя ей множество вещей, о которых она ничего не знала, потому что в том мире, откуда она пришла, их не существовало. Днем он водил ее в Булонский лес или возил на автомобиле за город, и в течение всего этого времени он не прочел ни одной строки, что тоже случилось с ним первый раз в жизни.

Все его внимание было сосредоточено на мысли о ней. Несмотря на то, что ему бессознательно льстило ее обожание, несмотря на то, что он всякий раз испытывал непонятное волнение, когда она останавливала на нем свои широко открытые глаза, и было совершенно очевидно, что она искренне считает его высшим существом, несмотря на непреодолимое тяготение к ней, вне которого он не представлял себе в данный момент своей жизни, он не мог не понимать, что между ним и Жаниной было огромное расстояние и что просто пренебречь этим нельзя. В сотый раз он думал о том, что, может быть, творческое напряжение, необходимое для того, чтобы приблизить к себе Жанину и добиться ее хотя бы приблизительного равенства с собой, — что это напряжение окажется ему не под силу. Он никогда до сих пор не задумывался над тем, имеет ли его собственный умственный и культурный багаж какую-либо ценность, и был бы склонен скорее полагать, что она, в сущности, незначительна. Но сейчас этот багаж мешал ему. Он думал о Жоржетте и о наивной ее невежественности во многом; но все-таки даже сравнение Жанины с Жоржеттой было невозможно. Он утешал себя тем, что с чисто социальной точки зрения Жанина была более приемлема, чем многие его знакомые, принадлежавшие к его кругу и с которыми он не мог найти общего языка, потому что они были в культурном смысле малограмотны и душевно примитивны.

Но он не заметил того, что за это время Жанина — с необыкновенной легкостью — изменилась так, как этого от нее требовали те неожиданные обстоятельства, в которых она оказалась. Во всем, что происходило теперь, не было ничего, что она знала бы раньше, и то, с чем она сталкивалась, возникало для нее впервые. Это было похоже на кинематограф, с той разницей, что там это касалось каких-то почти отвлеченных красавиц, а здесь была она сама, Жанина, дочь венгерского портного и французской поденщицы. И все это исчезало в том стремительном и безвозвратном движении, которое меняло все и не оставляло времени даже, чтобы обернуться и постараться понять, когда и как это началось и почему это стало возможно. В те редкие часы, когда она оставалась одна и смотрела на себя в зеркало, она не узнавала своего собственного лица. У нее потемнели и углубились глаза; и в них появилось выражение, которого она не могла определить сама и которое, вероятно, показалось бы чужим и далеким для всех, кто так хорошо знал ее раньше, для матери, деда, бабушки и даже, может быть, для сумасшедшего аббата, если бы он остановил на ее лице свой дикий взгляд из-под мохнатых седых бровей.

Но, в отличие от Роберта, никогда не думавшего о том, что непосредственно предшествовало появлению Жанины в его жизни, она не могла ни на один день забыть о rue St.Denis и о страшном лице Фреда, которое все время преследовало ее. Она боялась его больше всего на свете. Она знала со слов тех, кто ей говорил о нем, что человеческая жизнь для него не играет роли, что ему неизвестно чувство страха и что он сам глубоко убежден в своей собственной необыкновенности, в том, что ему предстоит исключительная судьба и нет препятствий, которые могли бы его остановить. Так ей о нем говорили. Но сама она ничего не знала о его прошлом, — ни кто он был, ни откуда он появился, — и это только усиливало ее ужас перед ним. Если вдруг ему удастся найти ее след и обнаружить ее теперешнее местопребывание, то тогда... Каждый день она собиралась незаметно уйти, вернуться на rue St.Denis и избавить Роберта от угрозы, которая нависла над ним. Но у нее не хватало сил это сделать. Она смутно надеялась, сама не зная на что, но чаще всего у нее было томительное ощущение временности и хрупкости ее теперешней жизни. И то, чего она не знала, — это что сознание ежедневной опасности и готовности к тому, что

33

это может насильственно и страшно оборваться каждую минуту, придавало ее чувству к Роберту ту зыбкую глубину и то душевное изнеможение, которых не было бы, если бы рядом с ними не было мысли о смерти.

Жанина тоже думала о неравенстве между ней и Робертом, но думала об этом с восторженностью. Она ^никогда не представляла себе, что могут существовать такие люди, как он. Он все знал, мог ответить на любой вопрос, все читал, видел и понимал; в его обращении с ней была мягкость, которой она тоже до сих пор не встречала, — в его движениях, в интонациях его голоса, во взгляде его глаз, в его постоянной сдержанности. И только в редкие минуты, когда она ощущала, обнимая его шею руками и приблизив к нему свое лицо, прикосновение его твердого тела, его губы вдруг начинали вздрагивать, выдавая его волнение. Она смотрела в его глаза и не смела повторить ему того, что она сказала ему в первый день: что она боится за его жизнь и что даже эта боязнь не может ее оторвать от него. Ей казалось, так же, как ему, что это самый важный период ее жизни, и, в конце концов, по сравнению с пониманием этого все остальное теряло на минуту то значение, которое должно было иметь.

Андрэ Бертье вернулся в Париж после пятнадцатидневного отсутствия. Роберт позвонил ему на квартиру, и когда он услышал, наконец, этот голос, который он так хорошо знал, у него внутри чтото дрогнуло, как это бывало с ним в детстве после очередной провинности.

— Да, да, приезжай ко мне на фабрику, часа в три.

Фабрика Бертье была далеко за городом, на берегу реки. Роберт проехал по набережной мимо ровно посаженных каштановых деревьев и остановил автомобиль против окон директорского кабинета. Через две минуты он увидел отца, сидевшего за столом в своем всегдашнем вращающемся кресле.

Он чувствовал непривычное волнение и впервые за долгое время не знал, с чего начать. Но он не успел еще ничего произнести. Андрэ Бертье поднялся с кресла, взял его за плечи, посмотрел ему в лицо и спросил:

— Что-нибудь случилось? А?

— Да, — сказал Роберт неуверенным голосом. — Я все это время ждал твоего приезда и никогда еще так не жалел о твоем отсутствии, как теперь.

— Хорошо, хорошо, — нетерпеливо сказал отец. — Ты только скажи: все благополучно?

— Да, конечно.

— Но что-то произошло, о чем тебе трудно говорить? Какаянибудь темная история? Это на тебя не похоже.

— Я тебе просто расскажу все по порядку, — сказал Роберт. — На следующий день после твоего отъезда...

Когда Андрэ Бертье слушал рассказ сына, в его глазах стояло то выражение далекой насмешки, которое почти неизменно появлялось в них каждый раз, когда Соланж говорила о медицине. Кончив рассказ, Роберт замолчал и вопросительно посмотрел на отца.

— Хорош, милый мой, хорош, — сказал Андрэ Бертье. — Так вот, если ты хочешь знать мое мнение, то я нахожу, что, кажется, первый раз за все время ты поступил как живой человек, а не как ходячая библиотека. Я не хочу этим сказать, что ты действовал очень умно или очень хорошо. В частности, то, что с тебя должна была начинаться ее карьера, звучит настолько глупо и невероятно, что, по-видимому, это, действительно, правда. Но из всякого положения есть выход. И ты знаешь, что ты всегда можешь рассчитывать на меня.

Он задумался на минуту, потом сказал:

— Я приду к тебе завтра обедать.

Он протянул руку к телефону, который звонил уже несколько секунд, но на который он до сих пор не обращал внимания.

— И пусть она приготовит курицу.

Когда Роберт после прощанья с отцом подходил к своему автомобилю, он вдруг заметил, что насвистывает венский вальс. У него было необыкновенно легко на душе. Все было так, точно он избавился от смутного сознания своей ответственности за то, что произошло с ним, — хотя это сознание появилось у него только вчера, когда он звонил отцу, до этого его не было. Отец сказал ему, что он одобряет его поведение и берет на себя устранение тех трудностей, которые могли бы возникнуть. Он, правда, не сказал ничего похожего на это, но это было очевидно, настолько очевидно, что венский вальс был звуковым подтверждением этого. Он ехал домой, не замечая дороги, не видя улиц и почти не зная того, что уже давно идет довольно сильный дождь.

Когда он отпер ключом дверь, Жанина, — он знал, что это не могло быть иначе, — стояла почти на пороге, и он сразу увидел ее расширенные глаза.

— Ну, что? — спросила она почти неслышным от волнения голосом.

Он, не отвечая, обнял ее талию и, насвистывая все тот же вальс, стал кружиться с ней по комнате.

35

— Ты с ума сошел, — сказала она, смеясь. — Я тебя спрашиваю о серьезных вещах.

Но он продолжал свистеть, заставляя ее следовать за собой в танце. Потом он остановился и сказал:

— Нет ничего хуже ковра, когда танцуешь.

— Ответь мне на мой вопрос.

— Хорошо. Ты умеешь жарить курицу?

— Какое это имеет отношение к тому, о чем я тебя спрашиваю?

— Самое непосредственное, — сказал Роберт. — Завтра вечером мой отец обедает у нас, и он просил меня передать тебе, что ему хотелось бы есть жареную курицу.

— Боже мой! — сказала она, опускаясь в кресло. — Я умру от страха, Роберт.

Но на следующий день все прошло благополучно. Жанина, которая действительно испытывала неподдельный страх при одной мысли о встрече с отцом Роберта, вначале говорила едва слышно, но потом оправилась: Андрэ Бертье обращался с ней так, точно они были давно знакомы. И когда после обеда они переходили из столовой в кабинет и он обнял одной рукой плечи сына, другой — плечи Жанины, она почувствовала к нему необыкновенное доверие, и последние следы ее боязни исчезли.

В течение всего вечера разговор ни разу не коснулся того самого важного вопроса, из-за которого Андрэ Бертье приехал обедать к сыну. Он рассказывал смешные истории о своем заводе, о рабочих, о сенаторе Симоне, и быстрые его глаза переходили с Жанины на Роберта. Когда была подана курица, он стал говорить о вегетарианцах, до этого он смеялся над Робертом и его книгами — в общем, было впечатление, что этот человек пришел обедать к хорошим знакомым, к которым он искренне расположен, и что во всем этом нет ничего ни особенного, ни значительного.

Но когда Роберт вышел его провожать, он увидел, что лицо отца стало серьезным. Они прошли молча несколько шагов. Бертье сказал:

— Да, в ней что-то есть. В ранней молодости такой была твоя мать. Я не говорю, конечно, о внешнем сходстве.

Роберт кивнул головой. Бертье, поняв причину его молчания, прибавил:

— Я хочу сказать следующее: есть сравнительно мало женщин, при виде которых ты рискнешь подумать — с ней могу связать мою жизнь. Понимаешь? В хорошем и плохом.

— Я об этом не думал, — сказал Роберт откровенно.

36

— Неудивительно. А я подумал сразу же. Я могу ошибиться в расчете. Но не во впечатлении, понимаешь?

— Я все время чего-то боюсь, — сказал Роберт, — хотя ей об этом, конечно, не говорю. Я не знаю сам, чего именно, какой-то катастрофы, которой я не могу определить. Вдруг она выйдет на улицу и попадет под автомобиль, как ее отец. Кроме того, я боюсь еще, что в один прекрасный день она уйдет из дому и не вернется, чтобы избавить меня от той опасности, которую она так преувеличивает.

Они дошли до угла и повернули обратно.

— Если все будет благополучно, то в дальнейшем мы постепенно устроим разные вещи, — сказал Бертье. — В сущности, никто не обязан знать ее биографии, в которой, кстати, нет ничего плохого, — кроме эпизода с Фредом, конечно. В остальном...

Он пожал плечами.

— Торопиться вообще ни с чем не следует. Ты мог бы уехать с ней в провинцию или в путешествие. Но это потом будет виднее.

Затем прибавил:

— А бояться не нужно, это бесполезно. Нужно знать, чего ты хочешь, и быть готовым это защищать. Это, может быть, не Бог весть какая философия, но этому меня научила моя жизнь.

И когда он уже садился в автомобиль и Роберт стоял у дверцы, он вдруг сказал:

— Разница между ней и тобой, конечно, большая. И ты ее не сгладишь, я думаю, никогда. Но, может быть, это не так плохо, как кажется.

Когда Роберт вернулся, она ждала его у порога, как всегда. Он отворил дверь, увидел ее лицо, ее фигуру в синем платье, вспомнил о той, какой она была, когда он встретил ее впервые на гае 81;.Веш8, — ее клетчатую короткую юбку, испуганные глаза, сдавленный голос, — и подумал, что самая властная сила в мире — это сила случая, не поддающаяся ни предвидению, ни определению. Он смутно думал о том, ощущая на своих щеках прикосновение ее теплого лица и глядя в ее глаза, которые были так близко, что он видел только их цвет и их дрожащую влажность.

Прошло еще несколько дней. Он ездил в город вместе с Жаниной, они делали покупки в магазинах, по его настоянию она заказала себе четыре платья и выбрала купальный костюм, потому что подходило лето и он сказал ей, что они поедут к морю. И он не обратил особенного внимания на то, что, когда они выходили из магазина на rue Lafayette и когда он отпер ключом дверцу своего автомобиля, полицейский огромного роста, прохаживавшийся по тротуару, сказал ему с улыбкой:

— Есть все-таки любители чужих автомобилей, monsieur. Только что один такой тип очень внимательно осматривал вашу машину, вероятно, ему кузов понравился. Но на его счастье он вовремя обернулся и увидел меня. После этого он не задерживался.

Роберт пожал плечами и сказал:

— Значит, мне на этот раз повезло. На следующий день он с утра уехал в Латинский квартал, где купил несколько книг для Жанины, именно тех, которых не было в его библиотеке и которые, по его мнению, были ей нужны. Он вернулся в начале двенадцатого, вошел в квартиру и вдруг сразу остановился на месте. Потом он прислушался. Стояла тишина, которая почему-то показалась ему тревожной. У него сразу пересохло во рту от волнения, он проглотил слюну и крикнул:

— Жанина!

Ответа не было. Он быстро прошел в одну комнату, в другую, в ванную, в кухню. Жанины не было нигде. Он вошел в кабинет — и почувствовал незнакомую ему боль в левой стороне груди: посередине стола лежал лист бумаги, на котором он увидел подпись Жанины. Он несколько раз, не понимая, прочел эти строки. Это было, конечно, именно то, чего он боялся. Она писала, что она уходит, потому что не может перенести того, что его жизнь подвергается ежедневной опасности из-за нее. Она прибавляла, что хотела бы ему сказать еще очень много, но слезы мешают ей писать, и она боится, что он может вернуться каждую минуту, и она знает, что второй раз у нее не хватит силы принять это решение.

Он простоял несколько секунд неподвижно. Потом у него начали трястись плечи. Наконец он закрыл глаза, набрал воздуха в легкие, подошел к телефону и позвонил отцу. Голос Бертье сказал:

— Алло, я слушаю.

Роберт не мог произнести ни слова. Через секунду тот же голос повторил с нетерпеливой интонацией:

— Алло, я слушаю.

— Это я, папа, — сказал Роберт. Голос Андрэ Бертье опять изменился, сделавшись глубже и мягче.

— Да, мой милый. В чем дело? У Роберта опять спазматически сжалось горло. Через секунду он сказал без всякой выразительности:

— Жанина ушла сегодня утром.

Последовало короткое молчание. Потом Бертье ответил:
— Этого надо было ждать. Приезжай немедленно ко мне.

* * *

Сенатор Симон, кутаясь в теплый мохнатый халат, пил кофе утром один, как всегда, в своей огромной столовой, где его невысокая фигура совершенно терялась среди больших стульев, громадного стола, покрытого бесконечно длинной скатертью, и потолков, почти пропадавших вверх. Утренние часы были для него самыми неприятными — потому что он плохо спал, потому что он сам отчетливо чувствовал свой собственный старческий запах размякшего за ночь тела, потому что у него все болело, голова, грудь, поясница, и еще потому, что именно утром он находился в таком состоянии, вспоминая о котором он говорил иногда очередному собеседнику:
— Да, да. И если вы дадите себе труд немного подумать, вы увидите, что человеческая жизнь, в сущности, некрасивая штука.

И для того, чтобы так говорить, у него были, конечно, совершенно достаточные основания, так как, высказывая это суждение общего порядка, он каждый раз имел в виду именно свою собственную жизнь. Он, однако, давно забыл то далекое время, когда он был почтовым чиновником в маленьком провинциальном городе и когда никто не мог бы предсказать карьеры, которая была ему суждена.

Сначала он был выбран муниципальным советником. Через год он был помощником мэра. Еще через три года, истратив на выборную кампанию свои последние сбережения, — как он говорил об этом всем, — он стал депутатом. Дальнейшее развертывалось автоматически, почти не встречая препятствий. Он никогда не отличался преувеличенным честолюбием, и поэтому к нему относились терпимее, чем к другим. Чисто политические вопросы его не интересовали в такой степени, чтобы ради них поступиться какой-либо непосредственной выгодой. Его продвижению не мешали никакие сильные страсти: он не был игроком, был почти равнодушен к женщинам, не любил и не понимал скачек, пил в умеренном количестве красное вино и полагал, что существующий порядок вещей достаточно хорош уже хотя бы потому, что он обеспечивал ему, Пьеру Симону, ту жизнь, которую он вел и которая могла бы только ухудшиться, если бы произошло какое-либо изменение этого порядка. Когда он выставлял свою кандидатуру в депутаты, вопросы общего порядка не играли для него никакой роли; это было долгосрочное коммерческое предприятие, не сопряженное ни с риском, ни с угрозой банкротства, ни с опасностью переутомления. За все годы своего пребывания в парламенте он не произнес ни одной речи, если не считать тех застольных и очень коротких тостов, которые были обязательны для банкетов и содержание которых было всегда одним и тем же: мы принимаем близко к сердцу интересы такой-то корпорации, и принципы, определяющие нашу политику, остаются неизменными — жизненное благополучие народа и защита наших национальных достижений. В молодости он любил банкеты, теперь они утомляли его. Уже много лет тому назад он потерял способность предпочитать одно блюдо другому. Он постоянно ощущал во рту всевозможные неприятные привкусы — то мыла, то зубной пасты, то непонятно как возникшую горечь дегтя, и каждый раз все, что он ел, отзывалось именно зубной пастой, мылом или дегтем. Врач объяснил ему, что это происходит от недостаточно интенсивного действия печени. Но, так или иначе, это было чрезвычайно неприятно и повлекло за собой исчезновение целой области ощущений, которая доставляла ему столько удовольствия в прежние времена. Этого он не предвидел, того, что было характерно для теперешнего периода его жизни: именно, что в результате многолетних и иногда довольно сложных финансовых комбинаций, составив себе крупное состояние, он будет лишен возможности жить по-человечески, без этих мучительных ощущений, которые отравляли ему существование. Он прекрасно понимал, что это было в известной мере естественно для его возраста, но все-таки это казалось ему несправедливым и, главное, незаслуженным. Он не мог об этом думать без раздражения особенно потому, что член гой же финансовой комиссии сената, что и он, и его соперник Рибо, который проиграл несколько состояний на скачках и беспечно прожил бурную и беспорядочную жизнь, этот Рибо был теперь так же свеж и весел, так же щелкал пальцами и языком и так же говорил о блондиночках и ресторанах, как тридцать лет тому назад. Все, что всегда доставляло Симону неизменное удовлетворение — то, что он соглашался числиться членом правления в таком-то коммерческом предприятии, куда он являлся раз в полгода на четверть часа и получал ежемесячное жалованье, превышавшее его депутатский оклад, то, что ему платили крупный гонорар за право поставить его подпись под статьей об основных принципах экономического либерализма, статьей, которой он даже не читал, то, что он делался, в нарушение этих же принципов, владельцем известного количества тех или иных акций, — одним словом, почти все, что составляло главный интерес его жизни, было как-то незаконно скомпрометировано этой глупейшей печенью, почками и еще десятком других явлений этого же порядка, тех самых, которые в такой идеальной степени отсутствовали у Рибо. И когда Рибо скоропостижно умер от удара, после завтрака, у себя на квартире, Симон почувствовал нечто вроде удовлетворения, хотя не был злым человеком по природе и хотя понимал, что смерть Рибо никак не может восстановить правильного действия печени или заставить исчезнуть мыльный привкус во рту. И своему соседу в сенате он сказал:

— Что вы хотите, этот человек прожил беспорядочную жизнь. За такие вещи расплачиваются дорогой ценой.

Но когда сенатор повернулся к нему, Симон понял, что его фраза не могла быть оценена, так как увидел, что в этот день его сосед опять забыл дома свой слуховой аппарат, без которого мир представлялся ему чем-то похожим на огромное, но совершенно беззвучное движение.

Вернувшись домой в день смерти Рибо, он снова вспомнил о нем и потом стал думать о том, что стало со многими людьми, которые были ему близки когда-то, в начале его карьеры. Он вспоминал фамилии дельцов, с которыми был некогда связан, финансовые скандалы, газетные разоблачения, аресты, допросы. Обычно эти люди, проведя известное время в тюрьме, потом все-таки опять появлялись, чаще всего в провинции, и держались в тени. Потом они умирали от старости или болезни, и над их могилами ставили мраморные памятники. Все это было закономерно, и в этом можно было усмотреть проявление какого-то трудноопределимого, но несомненно иерархического принципа. Но Симон никогда не был теоретиком и говорил, что предпочитает иметь дело с положительными понятиями, в которых есть реальное содержание, а не с абстракциями, как бы они ни назывались; и, не будучи силен в терминологии, он ошибочно называл это позитивизмом. Он не отдавал себе отчета в том, что он склонен сам, именно он, Пьер Симон, к иллюзии и отвлеченности — потому что деньги в его представлении имели мистическую ценность, которая совершенно не соответствовала действительности и не могла ей соответствовать ни в каких обстоятельствах. Он бессознательно

41

придавал им это мистическое значение, и поэтому ему казалось, что в его личной судьбе было нечто несправедливое и незаслуженное: Рибо, который умел только тратить и не умел зарабатывать, чувствовал себя превосходно, а Симон, который мало тратил и много зарабатывал, проводил свою жизнь в ежедневной борьбе с мучительными недомоганиями. И даже смерть Рибо была, в конце концов, недостаточно убедительна, потому что была похожа на мгновенную катастрофу и не могла рассматриваться как настоящее возмездие за это пренебрежение к тому, вне чего для Симона все остальное могло иметь лишь относительную и случайную ценность.

Но, помимо всех этих соображений, у него были еще другие основания для беспокойства и огорчения. Он думал прежде всего о своей племяннице, которую воспитал после того, как она осталась круглой сиротой. Она была дочерью его младшего брата, который, действительно, умер много лет тому назад. Но она не была круглой сиротой, потому что ее мать была, к сожалению, жива. Она, правда, носила теперь другую фамилию и официально, для всех, она вскоре последовала за своим мужем, и Симон, предвидя неизбежный вопрос о том, от чего она умерла и где она похоронена, выработал версию, которой никогда не изменял: жена его брата погибла в море, на маленьком судне, которое неизвестно почему пошло ко дну и с которого никто не спасся. Perdu corps et biens.[3] Это судно, однако, существовало только в воображении Симона. Анна — ее звали Анна — была жива.

Того, что она была очень хороша собой, никто никогда не отрицал. Симон прекрасно помнил ее огромные пьяные глаза и те особенные интонации ее голоса, которые делали ее непохожей на других. Но вся жизнь этой женщины целиком укладывалась, — как сказал о ней один из ее кратковременных любовников, адвокат по профессии, — в уголовный кодекс. Всюду, где она появлялась, начинались драмы, скандалы, револьверные выстрелы, бурные объяснения, растраты и уходы из дому. У нее была одна положительная черта: она была бескорыстна, и материальные соображения не играли роли в ее жизни. И, кроме этого, она была посвоему очаровательна, хотя в ее привлекательности, в этих огромных ее глазах и в ее голосе было нечто по-настоящему трагическое, и с первого же взгляда становилось ясно, что ее любовь меньше всего должна быть похожа на безоблачное счастье. Она изменяла шоферу с адвокатом, адвокату с матросом, матросу с учителем — в

---

[3] Погибли люди и имущество (фр.).

42

хаотической последовательности разных мест, квартир и условий жизни. Несколько раз она попадала в тюрьму, несколько раз она была в клинике, где ее лечили от наркомании, но, как только она выходила оттуда, все начиналось сначала. Она отличалась необыкновенным здоровьем, которого ничто не могло сломить, и когда Симон встретил ее в последний раз в Марселе, — ей было тогда за сорок, — у нее был вид двадцатипятилетней женщины. Из Марселя она уехала в Африку, и с тех пор он ее не видел. Но один тот факт, что она существовала, не давал ему покоя. Он представлял себе, что было бы, если бы это стало известно.

То, что это оставалось неизвестным, стоило ему ежегодно крупной суммы денег. Она сама, вероятно, об этом не знала; и если бы даже знала, она бы не придала этому никакого значения и не сделала бы ничего, чтобы это изменить. Уже давно Симон стал жертвой шантажа, против которого был бессилен. Он знал, что обращаться за помощью к ней было бы бесполезно. Он помнил, как однажды он попытался заговорить с ней о денежных делах, это было как раз после смерти ее мужа, он никогда не мог потом ей простить того высокомерного презрения, с которым она его слушала. И когда он кончил излагать ей свои соображения, она сказала, покачав головой:

— Бедняга!

Потом она вышла из комнаты, не взглянув на него, — и он увидел ее только через пять лет после этого разговора, У него были тогда десятки готовых возражений, он мог бы ей сказать, в частности, что для нее, конечно, объятия какого-нибудь случайного мерзавца значили больше, чем все другие соображения; но та непонятная робость, которую он всегда испытывал в ее присутствии, помешала ему сказать что бы то ни было.

И вот к нему однажды явился в Париже очень благообразный, лысый человек, уже немолодой, по фамилии Шарпантье, мелкий служащий страхового общества, примерный гражданин и отец семейства, который обстоятельно изложил ему свою биографию и упомянул о стесненном матерьяльном положении. Когда он заговорил об этом, Симон ощутил ту печальную тревогу, которую ощущал всякий раз, когда ему предстоял непредвиденный заранее расход. Но это оказалось гораздо хуже, чем он мог предполагать. Шарпантье, подобострастно вежливый и говоривший тихим голосом, после многократных извинений — вы понимаете, господин сенатор, я никогда не позволил бы себе... то уважение, которое я к вам питаю... ваша репутация, господин сенатор, которой вправе гордиться наша страна... ваше положение в парламенте... действительно, только трагические финансовые обстоятельства и забота о моих детях, будущих гражданах того государства, которого вы являетесь столь достойным представителем... — сказал, в конце концов, Симону, что, благодаря слепой случайности, ему стал известен один факт, который... Он был любовником Анны в течение нескольких часов — и когда она заснула, он долго рылся в ее сумке, надеясь найти там деньги. Денег в ней, однако, не оказалось; но зато он нашел нечто более важное, ее бумаги. И тогда он выяснил, что эта пьяная женщина более чем сомнительной нравственности была вдовой человека, которого звали Марсель Симон и который в свою очередь был родным братом того самого сенатора Пьера Симона, имя которого он так хорошо знал. Он потратил несколько месяцев на собирание необходимых ему сведений, и когда это было сделано, он явился лично к сенатору, чтобы его шантажировать. Он долго это обдумывал и предвидел все возможности — и Симон был бессилен против него. Но, как это ни странно, неизменно огорчаясь по поводу необходимости платить Шарпантье за сохранение секрета, Симон не питал к нему никакой личной ненависти; этот человек ему даже нравился. Шарпантье точно соответствовал типу гражданина, который Симон считал положительным: он служил, был отцом семейства, платил небольшие налоги, воспитывал детей в консервативном духе, говорил о своей жене, верной подруге его жизни, отличался здравым взглядом на вещи, был чрезвычайно экономен и вносил деньги в сберегательную кассу. Правда, он был шантажистом. Но это, в конце концов, была подробность, которой можно было бы пренебречь, если бы его жертвой стал кто-нибудь другой, а не он сам, Пьер Симон. Но так как, к сожалению, этой жертвой оказался именно он, то после каждого очередного взноса он заболевал и проводил два или три дня в постели. У него начиналось нечто вроде чисто физиологического отравления. Лежа часами в кровати, с серо-желтым, небритым лицом, он не мог без ненависти думать об этой пьяной развратнице, которая была виной всего, — потому что если бы она действительно умерла, то Шарпантье совершенно приблизился бы к идеалу положительного гражданина, так как был бы лишен возможности заниматься вымогательством и увеличивать свои вклады в сберегательную кассу за счет сенатора Симона.

Но это было еще не все. Оставалась племянница, дочь Анны, Валентина, mademoiselle Valentine Simon, студентка последнего курса юридического факультета. В ней было немного меньше той размашистости поведения и того презрения ко всему, что о ней могли сказать, которые были так характерны для ее матери. Этим она несколько отличалась от Анны. Кроме того, она, кажется, не была наркоманкой, по крайней мере, до последнего времени. Но в остальном она была ее достойной дочерью. Когда ей было двенадцать лет и она совершила какой-то проступок, — он не мог теперь вспомнить, какой именно, — он сделал ей строгий выговор и сказал, что так поступать нельзя, потому что это нехорошо.

— А почему это нехорошо?

— Потому что так нельзя поступать. Так девочки не делают.

— А почему нельзя делать нехорошие вещи, если это приятно?

— Довольно болтовни, — сказал он. — Иди спать.

Много позже он вспомнил об этом разговоре, похожем на тысячи разговоров между родителями и детьми. Того, что Валентина не понимала тогда, когда ей был двенадцать лет, она продолжала не понимать теперь, когда ей шел двадцать третий год. Что значит нехорошие поступки и почему нельзя их совершать, если они доставляют мне удовольствие? Самым тревожным было, однако, не то, что она восставала против общепринятой морали во имя других, более рациональных или более справедливых принципов, — это было бы терпимо, — а то, что ее поведение и вся ее жизнь определялись только одним: доставляло ей это удовольствие или нет.

— Для этой девушки, господин сенатор, нет ничего святого, — говорила Симону ее воспитательница в лицее. — Я прошу у вас прощения за то, что так резко выражаюсь. Но я не могу найти других слов: ничего святого.

Он отправил ее в монастырь, но через две недели его очень почтительно попросили ее оттуда взять, и пожилая настоятельница с ледяными синими глазами — Симон взглянул на нее и с беглым сожалением подумал, что она, вероятно, была очень хороша в молодости, — даже отказалась ему сказать, почему именно необходимо, чтобы Валентина немедленно покинула монастырь. Она не дала никаких объяснений, но была совершенно непреклонна.

— Что ты там опять натворила? — спросил он Валентину с раздражением.

Она сидела рядом с ним в автомобиле. Глядя на него туманными глазами, — он вдруг с ужасом вспомнил, что у ее матери иногда бывал такой же взгляд, — она сказала:

45

— Глупости, ничего особенного. Я им объяснила вещи, которые все знают, и это привело в ужас эту старую дуру.

— Я тебе запрещаю говорить в таком тоне о настоятельнице, — сердито сказал он. — Если бы ты была наполовину так умна, как эта почтенная женщина...

Пришлось ее снова отдать в лицей. Со сдержанной злобой он думал, что, если бы он был просто Дюпон или Дюран, он выгнал бы ее из дому. Но в его положении он не мог этого сделать. Он не мог даже не платить ее долгов. Каждый день он ждал, что ему пришлют счет из магазина или из ресторана, как это было в тот раз, когда Валентина пригласила туда своих подруг и угостила их обедом, никого об этом не спрашивая и не предупреждая. Когда ей представили счет, она сказала пьяным голосом — перед этим было много выпито:

— Это меня не интересует, ваш счет. Отправьте его моему дяде по этому адресу.

— Mademoiselle, — сказал бесстрастным тоном метрдотель, — за такие вещи, извините меня, пожалуйста, бывает сначала полицейский участок, потом уголовный суд.

— Не говорите глупостей, это меня утомляет, — лениво сказала она. — Я вам даю визитную карточку, а вы стоите, как истукан, и не берете ее.

Метрдотель взял протянутую карточку, взглянул на нее, и лицо его мгновенно изменилось.

— Ради Бога, простите меня, mademoiselle, — сказал он, — я имел несчастье не знать... извините меня... я надеюсь, что этот незначительный инцидент...

— Идите к черту, — сказала она. — В следующий раз будете знать. Мне наплевать.

— Как твой университетский диплом? — спросил ее однажды Симон.

— Когда-нибудь я его, наверное, получу, — сказала она. — Но вряд ли я буду заниматься практикой.

— Почему?

— Это меня не интересует.

Это была фраза, которую она чаще всего произносила.

— А что же тебя интересует?

— Другие вещи, — ответила она. — Совершенно другие, такие, которых ты, наверное, даже не знаешь.

— И рад, что не знаю, — сердито сказал он. Когда ей было восемнадцать лет, она пришла к нему и заявила, что ей нужно три тысячи франков.

— Даже не думай об этом, — сказал Симон. — Ты мне достаточно дорого стоишь и без этого.

— Ты меня, по-видимому, не понял, дядя, — сказала она своим неторопливым голосом. — Ты непременно хочешь, чтобы я тебе объяснила, зачем мне необходимы эти деньги?

Ему кровь бросилась в лицо и показалось, что не хватает воздуха. Губы его начали дрожать.

— Какой ты впечатлительный, — сказала она. — В твоем возрасте следует относиться к вещам более спокойно.

— Уходи сейчас же отсюда! — закричал он. — И чтобы я больше тебя не видел!

Он выдвинул ящик письменного стола и достал оттуда три тысячефранковых купюры.

— Спасибо, — сказала она. — Я, вероятно, буду дома завтра к вечеру.

Он не знал, с кем она встречается и где проводит время, и предпочитал об этом не думать. Несколько раз, глубокой ночью или под утро, ее привозили домой чрезвычайно почтительные широкоплечие люди с бесстрастными лицами, приезжавшие в синем открытом автомобиле. После одного из таких возвращений, в морозную январскую ночь, он пришел в необыкновенную ярость, начал топать ногами и кричать что-то совершенно нечленораздельное, но вдруг захрипел, втянул в себя воздух со странным, булькающим звуком и свалился на толстый ковер, неловко подвернув руку. Его перенесли на диван, и вызванный по телефону доктор сказал значительным голосом, что с сенатором случился апоплексический удар.

На следующий день, в сумерках, когда Пьер Симон неподвижно лежал в кровати, глядя пустыми глазами в высокий потолок, Валентина сидела за столиком кафе с молодым человеком в синем пальто и между двумя длительными поцелуями говорила:

— Я должна возвращаться домой, у дяди вчера ночью был удар. Может быть, он умер, и тогда я получу наследство. Но я не выйду за тебя замуж, потому что ты сволочь. Да, я не спорю, ты умеешь целоваться. Но этого недостаточно.

Вернувшись домой и войдя в комнату дяди, она увидела, что он еще не двигался. Но в его глазах уже опять появилось то выражение, которое было в них всегда, когда он смотрел на нее, — смешанное выражение бешенства и презрения. И она поняла, что ему стало лучше, потому что, когда она уходила, его глаза были безжизненными и пустыми и смотрели на нее без всякой враждебности.

Он, действительно, оправился через несколько дней. Но смысл этого предостережения был для него ясен. И он подумал тогда не без некоторого облегчения, что, вероятнее всего, он умрет не от печени и не от почек, а так же, примерно, как умер Рибо, от того, что в какую-то минуту — со счастливой невозможностью ее предвидеть, без этого длительного предсмертного томления, которого он так боялся всю жизнь, — у него мгновенно остановится сердце, и все будет кончено.

Врач предписал ему длительный покой и непременный сон после завтрака. Он послушно ложился на диван, накрывался пледом, подкладывал себе под голову подушки, но почти никогда не засыпал. И так как он не спал и ему было нечего делать, он невольно начинал размышлять о самых разных и случайных вещах. До удара этого с ним почти не бывало. И самое неприятное было то, что его рассуждения нередко касались именно отвлеченных вещей, к которым он до сих пор всегда относился с презрением. Что-то было не так, как нужно, во всей его жизни. Не то чтобы он испытывал раскаяние или вдруг поверил в загробное возмездие. И если бы ему пришлось начинать сначала, он, вероятно, опять поступал бы так же. Но главное было не это. Вопрос заключался в следующем: стоило ли это делать, стоило ли навлекать на себя презрение огромного количества так называемых порядочных людей, — на этот счет у Симона не было никаких иллюзий, — для достижения того, что у него было сейчас? Может быть, действительно, для того, чтобы в конце жизни почувствовать некоторое нравственное удовлетворение, следовало действовать во имя чего-то, одного из тех отвлеченных принципов, упоминание о которых его неизменно раздражало? Он вдруг вспомнил ту презрительную интонацию, с которой Анна ему сказала: pauvre homme![4] Тогда его привело в бессильное бешенство то, как она это произнесла, и он не задумался над тем, что она хотела сказать. Теперь, столько лет спустя, он думал именно об этом. Сенатор Пьер Симон — pauvre homme? Так вот что она хотела сказать — что он был неспособен понять ничего бескорыстного. Она презирала его за то, что непосредственно после смерти его брата, которому она изменила уже тогда, когда он лежал на своем смертном одре, когда ее преследовали два одинаково сильных чувства — печаль, которую она испытывала, глядя своими туманными глазами на труп мужа, и одновременно с этим неудержимое и почти кощунственное в эти дни тяготение к новому любовнику, — что он, Пьер, не видел и не понимал ни того, ни другого и думал в это время о денежных делах и о том, как все это, то есть

---

[4] бедняга! (фр.)

измена, смерть, печаль и начало новой любви, как именно это все отразится на его бюджете. Это было единственное, что ему казалось важным, и дальше этого он не мог пойти.

Вот что значила ее интонация. Он слышал как сейчас ее голос и вспомнил с необыкновенной отчетливостью узкую улицу Авиньона, где это происходило, старый дом с темными стенами, сумерки в комнате покойного, его мертвое, небритое лицо и темные волосы Анны, когда она стояла на коленях перед его кроватью, положив голову возле его худой желтой руки с синеватыми ногтями. Он повернулся лицом к стене — и вдруг заплакал старческими слезами, только теперь смутно поняв, что все непоправимо, что смерть, вероятно, близка и, стало быть, все неправильно и ничто не имеет значения.

Он никогда не был женат. В молодости он полагал, что не может себе позволить такого расхода. Позже, когда у него было достаточно денег, — потому что он все-таки до конца рассматривал брак прежде всего как известное финансовое обязательство, нечто вроде частного и тягостного налога, — как-то не пришлось. Кроме того, он никогда не испытывал по отношению к женщинам таких сильных чувств, из-за которых стоило бы пожертвовать всеми другими соображениями.

У него не было ни жены, ни детей, и единственной его наследницей была Валентина. Когда он думал об этом, его охватывало отчаяние. Какому мерзавцу достанется в конце концов его состояние, результат сорокалетнего труда? С кем она встречается в эти поздние вечера? — она никогда не возвращалась домой раньше двух-трех часов ночи.

И вдруг это изменилось: это произошло после его удара. Она опять стала посещать лекции в университете, по вечерам она сидела дома за книгами, и он не мог понять, чем все это объяснялось. Ему начало казаться, что, может быть, он ошибался в своем суждении о ней, может быть, наследственность не так беспощадна и, может быть, вообще все это завершится каким-то благополучным концом.

Именно в этот период времени он встретил Андрэ Бертье, с которым его познакомил Ренэ, коммерческий директор автомобильной фабрики Бертье, — и Симон был приглашен вместе с Валентиной на обед, где должен был присутствовать Роберт.

* * *

Фред не знал, какой национальности был Лазарис. Этого,

впрочем, не знал никто. Лазарис свободно говорил на нескольких языках, сохраняя, однако, во всех обстоятельствах какой-то неопределимый акцент. Это был старый, согнувшийся человек с желтым, как пергамент, лицом и выцветшими серыми глазами, всегда одетый в один и тот же черный лоснящийся халат. У него были худые руки с длинными пальцами, тупой нос и тонкие губы, постоянно улыбавшиеся. Но улыбка его была тоже особенная, характерная именно для него и от которой каждому его собеседнику как-то становилось не по себе. Он был собственником небольшого магазина готового платья, на узкой и темной улице, недалеко от Hotel de Ville. Его известность — он был скупщиком краденых вещей — была такова, что становилось непонятно, почему об этом не знает полиция и чем объясняется то, что у него никогда не было никаких недоразумений. Фред знал его давно, но избегал к нему обращаться, во-первых, потому, что он ему инстинктивно не доверял, во-вторых, оттого, что Лазарис платил совершенно ничтожные цены. Но в тех случаях, когда сбыть что-либо оказывалось совершенно невозможно, приходилось идти к нему, так как он был единственным человеком, который не боялся покупать любую краденую вещь, если она действительно имела известную ценность. И в то утро, когда Жинетта принесла Фреду огромный золотой хронометр с эмалевой крышкой, который она украла у одного из своих клиентов, Фред отправился к Лазарису.

Лазарис принял его со своей обычной улыбкой, но когда Фред показал ему хронометр, его лицо стало совершенно бесстрастным. Он открыл крышку, посмотрел на эмалевую поверхность, изображавшую миниатюрного пастушка, игравшего на свирели перед пастушкой, которая лежала, окруженная почему-то стеблями сверкающего тростника, — каждый стебель был сделан из крохотных бриллиантов, — посмотрел затем на механизм, потом пожал плечами и вернул часы Фреду.

— Что это значит? — спросил Фред.

— Это значит, — сказал Лазарис, — что хронометр меня не интересует. Я мог бы его купить для себя лично, но вопрос об этом не возникает. Продать его кому-нибудь другому нельзя.

— Что ты мне рассказываешь? — раздраженно сказал Фред.
— Ты думаешь, что я слепой и что я сам не вижу, насколько это дорогая вещь?

Улыбка Лазариса стала еще шире.

— Ты всегда был умницей, Фред, — сказал он, — но ты многого не знаешь. Вот чего тебе не хватает, Фред, — знаний.

— Что ты хочешь сказать?

— Я хочу сказать, что был такой знаменитый мастер, которого звали ^еап Р1егге Ниаий и который был специалист по эмали. Он умер в Женеве в 1680 году. Эта эмаль его работы. Она стоит очень дорого. Но у нее есть еще одна особенность: тот, кто вздумал бы ее продавать, немедленно и автоматически попал бы в тюрьму. Теперь ты понимаешь? Я уже прожил большую часть своей жизни — и даже для того, чтобы доставить тебе удовольствие, я все-таки не хотел бы провести мои последние годы в заключении.

Эта манера говорить тоже всегда казалась подозрительной Фреду: Лазарис был слишком красноречив для скупщика краденого.

— Другими словами, сколько ты даешь за хронометр?

Лазарис опять пожал плечами.

— Сто франков.

Черные неподвижные глаза Фреда пристально смотрели в его лицо. Он знал, по давнему опыту, что его взгляда боялись все, даже самые тупые и самые отчаянные люди. Но лицо Лазариса хранило свое бесстрастное выражение. Так продолжалось две или три секунды. Потом Фред протянул ему часы и сказал:

— Хорошо, я согласен.

Из-за прилавка вдруг появилась бутылка коньяку и две рюмки. Лазарис налил обе, подвинул одну из них Фреду и сказал:

— Пью за твои успехи.

Фред кивнул головой и молча выпил. Лазарис передал ему деньги и небрежным движением положил хронометр в карман.

— Замечательно сделан тростник, — сказал Фред.

— Совершенно верно — замечательно. Фигуры пастушка и пастушки тоже хороши. А ты успел это рассмотреть, сынок?

— Я тебе сказал, что я не слепой. Лазарис посмотрел на него со своей всегдашней улыбкой.

— Ты хороший парень, Фред, — сказал он, полуобернувшись и делая вид, что собирается отойти от прилавка: Фред понял, что ему пора уходить. — И так как я к тебе дружески расположен, то я дам тебе один совет. Я делаю это потому, — он вздохнул, — что, мне кажется, у тебя есть данные, которые позволяют предполагать, что ты плохо кончишь. Вот тебе мой совет: никогда не имей дела с людьми, которые стоят выше тебя, ты понимаешь? Оставайся в той среде, где ты живешь. Не стремись выше — потому что это гибель.

51

— Ты знаешь, что я ничего не боюсь.

— Это неважно. Я хочу сказать, что есть случаи, когда никакая храбрость тебя не спасет.

— Ты говоришь так, точно очень хорошо это знаешь.

— Я стар, Фред, я видел много вещей. Желаю тебе успеха.

Фред дотронулся до шляпы и вышел из магазина. Лазарис вынул из кармана лупу и еще раз внимательно посмотрел на эмаль: в магазине было темновато, и в неверном освещении казалось, что на тростнике дрожат и переливаются радужные капли воды.

Фред шел по улице, засунув руки в карманы, и выражение его лица оставалось таким же мрачным, каким было до визита к Лазарису: Фред был недоволен. Но он вообще всегда был недоволен. Слова Лазариса преследовали его: «никогда не имей дела с людьми, стоящими выше тебя». Если бы он следовал этому совету, он остался бы на всю жизнь в том деревянном бараке возле Porte d'Italie, где прошло его детство, в глубокой и безвыходной нищете; красное вино, побои, драки, распухшее лицо его матери с постоянными кровоподтеками от ударов и тот ненавистный жилистый человек с деревянной ногой, ее сожитель, который бил его, Фреда, ремнем по щекам — до тех пор, пока однажды пятнадцатилетний Фред не ударил его ножом в бок. Калека согнулся вдвое, выронил из руки ремень и прохрипел:

— Сволочь, ты меня убил!

Фред поднял с полу ремень и, сколько было сил, отхлестал его по лицу, не произнося ни слова. Потом он ушел из барака и никогда больше туда не вернулся. Он узнал значительно позже, что калека выжил и что он, конечно, не обратился в полицию: люди оттуда никогда не обращались в полицию. После этого Фред работал некоторое время недалеко от Notre Dame de Paris. Целыми днями он стоял на одном и том же месте, с жестяной кружкой в руке; на глазах его были черные очки, на груди кусок картона с надписью «слепой от рождения». Он проработал так довольно долго, у него были уже отложенные деньги, он жил в подвальной комнате, на одной из маленьких улиц возле аvenue сie OoЬeИпв. И вот однажды к нему подошли справа и слева одновременно двое мужчин, которые взяли его под руки и повели в комиссариат. Один из них сорвал с него очки и положил их себе в карман. Фреду было тогда шестнадцать лет. Он рванулся было бежать, но после первой же попытки понял, что его держат крепко. Из комиссариата он попал в тюрьму, из тюрьмы в исправительный дом. Оттуда его послали работать к крестьянину; он проработал два дня, потом сбежал и после трех суток утомительного перехода, ночуя в заброшенных зданиях или в туннелях, проходивших под железнодорожным полотном, добрался до Парижа. В первую же ночь, в Париже, его взяла к себе немолодая накрашенная женщина, которая натолкнулась на него, когда он сидел над Сеной, глотая от голода слюну и глядя на темную поверхность реки. Она тронула его за плечо. Он быстрым движением поднял голову и увидел ее лицо с тупыми и добрыми глазами.

— Ты что здесь делаешь? — спросила она.

— Ничего.

— Ты совсем мальчик, — сказала она, всмотревшись в него внимательнее. В неверном свете фонаря на нее смотрело худое юношеское лицо с неподвижными черными глазами.

— Ты голодный?

— Нет.

— Говори правду, — сказала она. В ее голосе было что-то настолько простое и доверчивое, что он опять проглотил слюну и ответил:

— Да.

— Идем со мной.

Она привела его в сырую комнату на третьем этаже гостиницы. Они прошли по узкому коридору, едва освещенному голыми желтыми лампочками, и остановились перед набухшей дверью, которую она отперла своим ключом, достав его из потертой кожаной сумки. Потом она повернула выключатель. В комнате стояла двуспальная кровать, на стене было зеркало, над зеркалом были приколоты веерами фотографии разных людей, военных и штатских, с усами и без усов, молодых и среднего возраста. В углу стоял небольшой стол, перед ним стул. В другом углу белел маленький умывальник. Обои с огромными желтыми цветами были в разводах от сырости.

Она накормила его колбасой и хлебом, потом разделась. В тусклом электрическом свете он увидел ее белый и мягкий, опадающий живот, короткие полные ноги и круглые плечи. Она легла в кровать и сказала:

— Раздевайся, ложись рядом со мной. Как тебя зовут? Сколько тебе лет?

Он лег рядом с ней и впервые за все это последнее время, в эту холодную октябрьскую ночь, почувствовал тепло от прикосновения к ее мягкому и вялому телу. До этой минуты он не знал женщин.

Через полчаса он заснул крепким сном, но она скоро его разбудила.

— Вставай, милый, — сказала она, — он вот-вот придет, и если он тебя здесь застанет...

Он плохо понимал спросонья, что она говорила.

— Я бы хотела остаться с тобой, — сказала она, — потому что я его больше не люблю и потому что он только одно знает — в морду. Раньше, когда я его любила...

— Я ему скажу, чтобы он уходил, — сказал Фред.

— Он изобьет и меня, и тебя.

— Это мы увидим, — сказал он сквозь сонную муть. В кровати было тепло, ему не хотелось уходить. Через несколько минут он опять заснул.

Он проснулся от пощечины. Он вскочил с кровати и увидел человека в хорошем костюме. На бледном бритом его лице был большой шрам. Прежде чем Фред успел выпрямиться, мягкая рука с кольцами опять хлестнула его по щеке.

— Оставь его, это ребенок, — сказала женщина. — Он сейчас уйдет.

Человек в хорошем костюме приблизился к Фреду, который стоял у кровати совершенно голый. Он занес над ним руку, но вдруг встретил его неподвижный взгляд, и Фред понял, что он испугался. Тогда Фред уцепился обеими руками за лацканы его пиджака, потом, смешно присев, подпрыгнул вертикально вверх и ударил его головой в подбородок. Его научил этому удару мальчишка-поляк в исправительном доме. Человек в костюме замертво свалился на пол. Фред быстро обыскал его карманы и вытащил оттуда бумажник и небольшой браунинг. Он положил их под подушку. Затем он набрал воды в плохо вымытый стакан, стоявший на умывальнике, и плеснул ему в лицо несколько раз. Человек в костюме с трудом поднялся на ноги. Мутные его глаза смотрели, не понимая, на Фреда.

— Убирайся теперь отсюда, — сказал Фред. — Я взял у тебя бумажник и револьвер. Если ты вздумаешь еще когда-нибудь сюда вернуться, это будет твоим смертным приговором. Понял?

Женщина, которая в течение всего этого времени оставалась в постели, смотрела на Фреда с восхищением.

— Ты настоящий мужчина, — сказала она. — Я тебя обожаю. Я буду работать для тебя.

Ее звали Одетт, и он прожил с ней несколько месяцев. Это она назвала его Фредом — потому что она тогда читала в иллюстрированном журнале авантюрный роман, герой которого носил это имя. Развернув журнал и глядя на рисунок, изображавший широкоплечего мужчину, который держал в вытянутой руке револьвер, она сказала:

— Он англичанин, Фред. Он мне очень нравится, я буду тебя так называть. Хорошо?

Однажды под утро, вернувшись домой, он нашел ее труп: она была задушена полотенцем. Его тотчас арестовали по обвинению в убийстве и через три дня выпустили. Он сказал инспектору полиции:

— Можете быть спокойны, он от меня не уйдет.

— Глупости, — ответил инспектор. — Ты ничего ему не сделаешь: он сидит в сумасшедшем доме.

Инспектор говорил правду: Одетт стала жертвой маньяка, железнодорожного служащего, которого посадили в отделение буйнопомешанных, где он умер несколько месяцев спустя.

Фред давно привык к тому, что не было ничего более хрупкого, чем человеческая жизнь. Одетт была задушена; мать Фреда утонула, упав ночью в реку; на рассвете зимнего дня в одном из пригородов Парижа был найдет труп жилистого калеки с тремя пулями в животе. Потом были арестованы его убийцы, которых Фред тоже знал. Теперь они отбывали многолетнее наказание в тюрьме. Из всех, с кем встречался Фред, только один Лазарис жил так, что ему, казалось, ничто не угрожало. Может быть, это объяснялось тем, что он знал много вещей, и среди них был секрет долгой жизни.

Он вернулся домой к одиннадцати часам дня. Он жил теперь вместе с Жинеттой на rue St.Denis, в большой и светлой комнате с центральным отоплением и горячей водой. Соседнюю комнату он снял для Ренэ, которая тоже работала на него. Когда он вошел, Жинетта лежала на кровати и лакировала себе ногти.

— Он взял? — спросила она.

— Не твое дело, — сказал Фред.

— Как хочешь.

Он сел в кресло, не снимая шляпы, и просидел, не двигаясь и не произнося ни слова, около часу. Жинетта взглядывала на него несколько раз — он продолжал сидеть в той же позе, прищурив один глаз и о чем-то, по-видимому, размышляя.

— о чем ты думаешь? — спросила она, наконец. Он точно очнулся — и быстро посмотрел на нее. Потом он сделал гримасу и сказал:

— Если бы я попытался тебе объяснить, ты бы не поняла. Не утомляй себя напрасно.

Затем они позавтракали в маленьком ресторане. Завтрак тоже прошел в молчании. Потом Фред сказал:

— У меня дела, я ухожу.

И, выйдя из ресторана, он пошел по направлению к Большим бульварам.

Его все время занимала одна и та же мысль: почему Лазарис сказал ему сегодня утром эти слова и что они значили. Фред привык считаться только со своим собственным мнением, и то, что говорили и думали другие, его не интересовало. Но его уже несколько лет, с тех пор, как началась его сознательная жизнь, преследовало давно знакомое чувство непонятной неудовлетворенности. Жинетта говорила подругам, пожимая плечами:

— Вы же знаете, он никогда не бывает доволен.

Это было чрезвычайно странное ощущение, нечто вроде душевной жажды. Он привык быть окруженным людьми, которые были готовы воспользоваться первой его минутой невнимания или слабости, чтобы занять его место и захватить то, что ему принадлежало. Его могла ждать судьба жилистого калеки или Одетт. Для того чтобы этого не случилось, нужно было быть сильнее других. Это было несомненно и ясно, он именно так и поступал, никто не сомневался, что он был готов во всех обстоятельствах к мгновенной защите или нападению, — он доказал это много раз, — и что, кроме того, ему было действительно неизвестно чувство страха. Этого было достаточно, чтобы его теперешнему положению не угрожала немедленная опасность. Но то, чего не знал ни один из его товарищей и в чем он сам себе не признавался, было то, что он не был уверен — стоило ли действительно все это защищать.

Но он думал сейчас не об этом. У него не выходили из головы загадочные слова Лазариса, и он упорно возвращался к ним — потому что несколько дней тому назад, проходя по rue Lafayette, он вдруг увидел, что у тротуара остановился автомобиль и из него вышла Жанина в сопровождении человека, который увез ее на такси в тот вечер, когда она исчезла. Он остановился в изумлении. Потом он подошел к автомобилю и заглянул внутрь. На маленькой металлической дощечке были выгравированы слова: Роберт Бертье, 71, rue Poussin. Он оглянулся по сторонам: в нескольких шагах от него стоял огромного роста полицейский, равнодушно поигрывая свистком и поглядывая в его сторону. Фред неторопливо пошел дальше. Когда он через несколько минут вернулся к этому месту, автомобиля уже не было.

Он давно терялся в догадках — чем объяснялось ее неожиданное исчезновение? Он думал о несчастном случае, об автомобильной катастрофе, отравлении газом. Никто за это время ни разу и нигде не встречал Жанины, и в газетах о ней тоже не было ни слова. Может быть, ее увезли в провинцию, может быть, отправили в Буэнос-Айрес? И вот теперь оказывалось, что она в Париже, с этим самым человеком, собственником автомобиля, которого зовут Роберт Бертье и который живет на ше Роиаат. Он посмотрел по плану Парижа, где находится эта улица. Это было совсем близко от скакового поля Auteuil.

Он не питал никаких чувств к Жанине. Его раздражало неизменно печальное выражение ее лица, раздражала ее постоянная робость. Но она принадлежала ему, и он не мог допустить, чтобы кто-либо захватил то, что ему принадлежало. Он вспомнил с пренебрежительной гримасой заботливое выражение на лице Роберта и то, как он помог Жанине выйти из автомобиля. Теперь, когда он знал, где именно она находится, вопрос о ее возвращении должен был быть разрешен немедленно. Он, однако, откладывал — и он сам не мог понять почему — свою поездку на ше Роиват со дня на день. И вот, наконец, после того как он был утром у Лазариса, позавтракав с Жинеттой и сказав, что он уходит по делам, он сел в метро и поехал на Porte d' Auteuil. Перед этим он еще раз пощупал в кармане пиджака свой браунинг. Он не думал, что ему придется прибегнуть к угрозе оружием, но был готов на все, — как всегда.

* * *

Роберт ехал к отцу хорошо знакомой дорогой, по улицам, где он знал каждый дом и каждый угол, но он, конечно, не мог бы сказать, почему именно он поворачивал там, а не здесь и почему в известных местах он начинал тормозить. Он делал это совершенно автоматически. Он не мог сколько-нибудь ясно подумать о том, что привело его в это почти сомнамбулическое состояние. Он только повторял про себя имя Жанины, и это звуковое соединение было единственной вещью, сохранившей для него какое-то реальное — и трагическое — значение. Но он не сделал ни одной ошибки, ни одного неверного поворота, ни одного лишнего движения и остановил автомобиль именно там, где было нужно.

Он вошел в кабинет отца, забыв постучаться. Андрэ Бертье посмотрел на него с сочувствием и сказал:

— Здравствуй, Роберт.

— Извини меня, папа, — сказал он. — Я совершенно потерял голову.

— Ну, ну, успокойся. Я надеюсь, что все устроится.

— Что? — спросил Роберт, не понимая.

— Я геворю, что мы ее найдем. Но расскажи мне, как все произошло.

— Я вернулся домой...

— Значит, ты уходил?

— Я уехал утром в Латинский квартал, чтобы купить несколько книг.

То, что отец разговаривал так спокойно, невольно подействовало на Роберта. Он понимал, что Андрэ Бертье не мог равнодушно отнестись к тому, что его сын считал катастрофой, и если он был так спокоен, то, стало быть, для этого у него были какие-то основания. Роберт не думал именно так; но он это чувствовал.

— И когда ты вернулся...

— Ее не было, она оставила записку.

— Что она написала?

Роберт помнил каждое слово, как он помнил наивный прямой почерк Жанины.

— В котором часу это было?

— Я вернулся около одиннадцати.

— А в котором часу ты вышел из дому?

— В девять.

Бертье повернул быстрым движением левую руку: часы показывали двадцать пять минут двенадцатого.

— Когда ты уходил, она была одета?

— Да, мы выпили кофе.

Бертье опять посмотрел на часы, и в это время раздался телефонный звонок. Он неторопливо снял трубку и сказал, ничего не спрашивая и как будто ни к кому не обращаясь:

— Я занят.

И повесил трубку.

— Надо полагать, что она ушла от половины десятого до десяти.

Он смотрел прямо перед собой задумчивыми глазами.

— Если бы я знал, где она сейчас! — сказал Роберт с отчаянием.

Андрэ Бертье утвердительно кивнул головой. Потом он опять прямо посмотрел перед собой и сказал:

— Я надеюсь это узнать с минуты на минуту.

— Что? — с невольным недоверием в голосе спросил Роберт. — Узнать? Каким образом?

— За ней следят, — сказал Бертье, откидываясь назад в своем вращающемся кресле. — Начиная с того дня, что я у тебя обедал, против твоего дома, от девяти утра до восьми вечера, дежурит человек, который должен был последовать за Жаниной, если бы она вышла из дому одна. Ты не заметил его? Это высокий мужчина в коричневой шляпе и непромокаемом плаще.

— Но как тебе пришла в голову эта мысль?

— Милый мой, ты же говорил мне, что боишься ее ухода. С моей стороны было совершенно естественно принять какие-то меры предосторожности, о которых ты, конечно, не мог подумать.

Теперь зазвонил второй телефон, на другом столе, чуть-чуть дальше. Андрэ Бертье протянул руку к трубке, снял ее с некоторым усилием — она была далеко — и сказал:

— Алло, я слушаю. Да. Да, да. Хорошо. Не знаю, что именно? Отказывается сказать? Baulevard de la Gare? Поднимитесь немедленно в ее комнату. Да. Что хотите. Очень хорошо. Да, да. В крайнем случае, взломайте дверь. Скажите ей, что я прошу ее подождать меня несколько минут. Да.

Роберт смотрел на него широко открытыми глазами. Андрэ Бертье поднялся со своего места с юношеской быстротой, сказал сыну — идем! — и выбежал из кабинета. Роберт первый раз в жизни видел, чтобы его отец бежал.

Он помнил, что отец втолкнул его в автомобиль, что тотчас тихо зашумел мотор и через несколько секунд машина, набирая скорость, неслась по набережным Сены. Бертье говорил:

— Она вышла из дому, села в метро и поехала на place d'Italie. Оттуда она пошла вниз по Baulevard de la Gare и зашла в аптеку, где что-то купила: аптекарь отказался сообщить, что именно. Затем она вошла в гостиницу, немного ниже аптеки, и сейчас находится там, под охраной моего агента. Я сказал ему, чтобы он поднялся в ее номер и попросил ее подождать меня. Я надеюсь, что она не успела ничего предпринять за это время.

— Боже мой! — сказал Роберт.

— Как в романе, — сказал Андрэ Бертье, пожав плечами.

В разных частях города вслед машине несколько раз неслись полицейские свистки, но шофер не замедлял хода.

— Прекрасно правит, — сказал Бертье. — Один из лучших шоферов, которых я знал. А знал я многих.

Автомобиль уже спускался по Baulevard de la Gare. Роберту казалось, что мостовая струится под его колесами, как быстрая каменная река.

— Стоп! — сказал Андрэ Бертье. Он вышел из машины, Роберт, как тень, следовал за ним. Бертье вошел в маленькую контору гостиницы, что-то сказал хозяйке и стал быстро подниматься по лестнице. Затем он остановился у седьмого номера, постучался и отворил дверь. С порога Роберт увидел безумные, как ему тогда показалось, глаза Жанины и прямо против нее профессионально-равнодушное лицо высокого человека в непромокаемом плаще. Андрэ Бертье посмотрел через плечо, обернувшись на сына, и сказал:

— Я вас жду внизу.

Обратно они ехали в такси. Андрэ Бертье укоризненно посмотрел на Жанину и уехал со своим шофером. Тотчас же выяснилось, что Жанина хотела принять гарденал, который ей продали в этой аптеке, потому что очень хорошо ее знали: именно там она покупала в течение долгих месяцев все лекарства для своей матери. Но она не успела не только принять его, но даже подумать об этом, потому что в комнату вошел незнакомый человек, который ей сказал, что Андрэ Бертье просит ее несколько минут подождать его и что он сейчас будет здесь. Она не могла понять ни появления и присутствия этого равнодушного мужчины, ни того, каким образом ее местопребывание стало известно, ни, наконец, необъяснимого вмешательства Андрэ Бертье. На выяснение этих подробностей ушло несколько минут. Она почувствовала себя совершенно разбитой, и когда они вернулись домой, Роберт уложил ее в постель.

Он задернул занавески окна и вышел из комнаты, притворив дверь. Но она знала, что он недалеко. Он, действительно, сидел в кресле, почти у ее порога, и читал книгу, которая ему подвернулась, — и только прочтя целую страницу, заметил, что не помнит ни одного слова.

Жанина лежала на кровати с закрытыми глазами, и у нее было впечатление, что этим теперешним минутам предшествовало нечто похожее на смерть или исчезновение. Ее уход стоил ей необыкновенного напряжения, и сейчас она чувствовала, что у нее не хватило бы сил даже подняться. Всю предыдущую ночь она не спала и, прислушиваясь время от времени к ровному дыханию Роберта, она повторяла себе, что это последний раз и на следующую ночь не будет ни Роберта, ни этой кровати, ни настоящего, ни будущего и вместо этого наступит, вероятно, холодная тьма. Она думала обо всем, что предшествовало этой последней ночи, — о своем детстве, о деревне, о том, как ее преследовали огромное снежное поле и зимние сумерки во сне. Она боялась смерти, которая ее ожидала, и когда она думала, что больше никогда не увидит Роберта, у нее каждый раз сжималось горло. Но ее решение уйти и покончить с собой было неизменно. Когда она поняла, что у нее, может быть, не хватит мужества это сделать и это окажется невыполнимым, было уже слишком поздно, — так, точно она пропустила ту минуту, в которую еще было можно это остановить. Она знала уже давно, не понимая его, этот странный закон невозможности остановиться, когда было принято очень важное решение и когда вдруг появлялось слишком позднее сознание его явной неправильности. Так было в этом случае: она покидала Роберта, и без него ее жизнь не имела смысла. Все ее душевные силы сопротивлялись этому, но это слепое движение было неудержимо. Ее собственной воли хватило на то, чтобы принять это решение; но чтобы изменить его, нужно было вмешательство какой-то внешней и механической силы. Она ехала, как во сне, сидя в вагоне метро; и когда она шла по Baulevard de la Gare, она вдруг поняла, что каждый ее шаг приближает ее к смерти. Она отчетливо понимала это, и в то же самое время она знала, что такая простая вещь, как вернуться назад, снова сесть в метро и через некоторое время войти опять в квартиру Роберта, — она знала, что это было невозможно, хотя и не могла бы сказать почему. Между ней и смертью было пустое пространство, которое уменьшалось с каждой секундой, — и в конце этого воздушного коридора она почти физически ощущала присутствие того, что было самым страшным и к чему она так неудержимо приближалась. Она запомнила навсегда белобрысое лицо приказчика из овощного магазина, который пересыпал помидоры из одной корзины в другую, и гарсона кафе, уносившего с террасы поднос, его слишком короткие черные брюки над стоптанными башмаками, бедную простоволосую женщину, с трудом катившую по тротуару ручную тележку, нагруженную узлами белья, ее лицо — огромная лиловая мышь на левой щеке и две бородавки на подбородке. Это были люди, мимо которых она проходила, и она успела подумать, что они последние, которых ей суждено видеть в ее жизни. Она почти не слышала голоса толстой пожилой женщины, которой она заплатила за номер гостиницы. И когда она, наконец, легла на кровать, с ощущением нестерпимого холода внутри, вдруг раздался стук в дверь, и, не дожидаясь ее ответа, в комнату поспешно вошел этот человек в плаще, который ей сказал, что Андрэ Бертье сейчас приедет и просит ее подождать его несколько минут. И тогда тот мир, который секунду тому назад уходил от нее в этом слепом и безвозвратном, казалось бы, движении, — простоволосая женщина с тележкой, гарсон кафе, приказчик, метро, Роберт, — этот мир вдруг вновь возник перед ней таким, каким он был до вчерашней ночи, когда она приняла свое решение. Теперь это движение было остановлено необъяснимым появлением этого незнакомого человека, который заслонил собой ее смерть. Она быстро посмотрела на него: у него было не очень хорошо выбритое лицо, потертый воротник плаща, мягкая шляпа, серый полинявший галстук. Он сохранял выражение профессиональной вежливости — такое выражение могло бы быть у швейцара, шофера, контролера на железной дороге. Выцветшие его глаза смотрели мимо Жанины, и он, конечно, меньше всего мог бы думать, что его присутствие здесь имело важное значение в жизни нескольких людей, судьба которых его интересовала только в той мере, в какой была связана с его служебным вознаграждением.

Жанина вспомнила сейчас его лицо, вздрогнула, зажмурилась и снова открыла глаза. В комнате было темно и тихо.

— Роберт! — сказала она негромко.

В просвете двери тотчас показалась его фигура.

— Я очень устала, — сказала она. — Ты простишь меня за все, что я сделала?

И когда он нагнулся над ней, она обняла его шею руками и поцеловала его. Потом руки ее разжались и голова упала на подушку. Через несколько секунд она уже спала. Он вздохнул и вышел из комнаты. Он снова сел в кресло, закинул руки за голову, вытянул ноги и подумал, что только теперь понимает, что значит для него присутствие Жанины. Это было неверно: он понял уже давно. Но ему было приятно так думать.

* * *

Несколько позже Роберт с удивлением вспоминал, что после возвращения Жанины все вопросы казались разрешенными, и в частности, та угроза появления Фреда и опасность, связанная с ней, которая заставила ее решиться на уход и самоубийство. Это было результатом странного психологического заблуждения, так как Фред продолжал существовать где-то в окрестности rue St. Denis, и в этом смысле возвращение Жанины ничего не изменило. Но и Роберт, и Жанина одновременно перестали думать об этом. Ни с его, ни с ее стороны это не определялось никаким расчетом, — это вышло само собой. И в этом состояла ошибка Роберта — потому что через три дня после его поездки с Жаниной в магазин на rue Lafayette, около одиннадцати часов утра, раздался звонок, и когда Роберт отворил дверь, перед ним стоял Фред.

Роберт сразу узнал его по сдвинутой набок шляпе и покатым плечам; таким он запомнился ему в тот вечер, когда он увидел его позади Жанины, на rue St.Denis. Он почувствовал холодное томление, когда Фред молча посмотрел на него своими неподвижными глазами, и успел подумать, что в этом человеке было, действительно, что-то внушавшее страх всем, кто с ним сталкивался.

Он отступил на шаг, и Фред вошел вслед за ним, захлопнув за собой дверь. Он не снял шляпы и не вынул рук из карманов. Потом он коротко сказал с вопросительной интонацией:

— Ну?

Роберт молчал. Он боялся, что Жанина вдруг войдет в комнату. Но она, к счастью, не появлялась. За эти несколько секунд он успел подумать о многом, и в частности, о том, что убедить в чем бы то ни было Фреда нельзя и что он, Роберт, впервые поставлен перед необходимостью защищать свою жизнь. При этой мысли он испытывал почти что ужас. Но, в отличие от других людей, с которыми Фреду приходилось иметь дело до сих пор, то, что сейчас чувствовал Роберт, объяснялось не физической трусостью, а другими, почти отвлеченными причинами. Фред не мог этого понять, тем более что нерешительное поведение Роберта внешне было таким же, как поведение других, которых он знал и к которым он всегда чувствовал презрение.

— Ну? — повторил он. — Пусть она выходит. Я ее беру с собой. Она у меня узнает, что значит убежать от Фреда.

И тогда Роберт произнес свои первые слова за все это время. Голос его звучал неуверенно.

— Я думаю, что это невозможно, — сказал он.

— Что?

— Я думаю, что это невозможно, — повторил Роберт. Его голос стал немного тверже.

— Значит, ты меня плохо знаешь, — сказал Фред. — Я всегда добиваюсь своей цели. Тебе Жанина не говорила об этом?

— Нет, — сказал Роберт. — Но надо полагать, что цели у тебя очень скромные.

— Почему?

— Если ты всегда добиваешься всего, что хочешь, и если в результате этого ты только бедный сутенер...

Роберт не мог угадать, что хотел сделать Фред, когда он рванулся к нему в следующую секунду. Но он знал, что эта секунда решает все, и до того, как движение Фреда успело принять какуюлибо форму, он ударил его кулаком в подбородок. Фред тяжело рухнул на пол. С порога комнаты раздался короткий крик. Роберт обернулся и увидел бледное лицо Жанины с расширенными глазами.

— Разговор кончен, Жанина, — сказал он. — Возьми, пожалуйста, в правом ящике моего стола шнурки для занавесок, которые мы на днях купили, и принеси мне.

Он опустился на колени и обыскал Фреда. В правом кармане его пиджака он нашел браунинг, который вынул и положил на стол. Затем он туго связал шнурком руки Фреда, заложив их за спину. Потом он легко поднял его, внес в ванную и подставил его голову под кран с холодной водой. Через некоторое время Фред открыл глаза. Роберт, держа его за воротник пиджака, — ноги Фреда волочились по полу, — потащил его до следующей комнаты и посадил в кресло. После этого Роберт подошел к телефону и позвонил в полицейский комиссариат.

Фред мутно смотрел на него. В голове его стоял гул, он не понимал, что произошло и что происходит теперь. Он слышал точно издалека голос Роберта и не понимал значения его слов. Он делал страшные усилия, чтобы вернуть себя к действительности, но это ему не удавалось. Ему вдруг начинало казаться, что он проваливается в мягкую и холодную яму; потом перед ним появлялась неясная фигура человека, находившегося в этой же комнате, и он не мог вспомнить, где он его уже видел и почему он здесь. Затем ему стало казаться, что где-то между его глазами и затылком струится ледяная вода, причиняющая ему нестерпимую боль. Он закрыл глаза и опять потерял сознание.

С улицы донесся приближающийся звук автомобильной полицейской сирены. Через несколько секунд раздался звонок и вошел инспектор в сопровождении двух полицейских. Он вежливо снял шляпу и поздоровался с Робертом, пожав ему руку. Роберт объяснил, что подвергся нападению неизвестного субъекта, в кармане которого был револьвер. Он взял со стола браунинг и передал его инспектору. Инспектор подошел к креслу, поднял пальцем подбородок Фреда, голова которого после этого снова упала на грудь, и сказал:

— Господин Бертье, я думаю, — он улыбнулся, — что если тут кому-нибудь угрожала опасность, то это, скорее, ему, — он посмотрел в сторону Фреда, — чем вам. Поздравляю.

— Я боюсь, что плохо рассчитал удар, — сказал Роберт. — К сожалению, у меня не было для этого времени.

— Если бы вы действовали иначе, — сказал инспектор, — то это могло для вас скверно кончиться. Вы, без сомнения, занимались боксом?

— Да, немного, — сказал Роберт, пожав плечами.

Потом полицейские вынесли Фреда, — один взял его под мышки, другой поддерживал ноги. Из окна Роберт видел, как они положили его на заднюю скамейку машины; затем опять завыла сирена, и они уехали. Жанина стояла рядом с Робертом и смотрела на автомобиль, пока он не завернул за угол. Она подумала, что еще несколько минут тому назад от этого человека, голова которого так беспомощно и страшно свисала вниз и тело которого только что небрежно волокли полицейские, зависела ее жизнь. Она повернула голову и взглянула на Роберта. Лицо его было спокойно, и в глазах стояло далекое выражение, которое она запомнила с того вечера, когда впервые увидела его.

Когда на следующее утро Роберт позвонил в комиссариат и назвал себя, голос вчерашнего инспектора ответил ему, что Фред лежит в тюремной больнице и врач отказывается от окончательного диагноза: возможно, кровоизлияние в мозг, возможно, что-нибудь другое. — Вероятнее всего, он все-таки выживет, — сказал инспектор. Он прибавил тут же, что его, Роберта, беспокоить не будут понапрасну. — C'est un repris,[5] — сказал он, — и вдобавок профессиональный сутенер. Мы никогда не позволили бы себе надоедать вам по этому поводу.

— Дело в том, — сказал Роберт, — что я собираюсь уезжать на днях, но если бы мое присутствие было необходимо...

— Нет, нет, господин Бертье, — сказал инспектор. — Разрешите вам пожелать приятного путешествия.

— Ты уезжаешь? — спросила Жанина, стоявшая рядом.

— Мы уезжаем, — сказал он, улыбнувшись. — Разве ты забыла, что я говорил тебе об этом?

Весь день он укладывал вещи и возился в гараже с автомобилем. На следующее утро он рано разбудил Жанину и сказал ей, что надо торопиться, так как предстоит длительное путешествие. В восемь часов утра они выехали из дому. Они завтракали в дороге, в лесу, ужинали в каком-то маленьком местечке, названия которого она не запомнила, и там же провели ночь, в комнате с низким потолком и огромной двуспальной кроватью. Было около четырех часов дня, когда Роберт остановил автомобиль перед невысокими железными

---

[5] Это рецидивист (фр.).

воротами, за которыми был парк. В глубине парка был виден дом того желтоватокрасного цвета, который был характерен для Прованса. Вокруг был лес: сосны, дубы, эвкалипты вперемежку с густым кустарником. Кричали цикады, пахло раскаленными стволами деревьев, солнце высоко стояло в синем безоблачном небе. Роберт позвонил, через некоторое время пожилой человек в берете отворил ворота, почтительно поздоровавшись с Робертом, и автомобиль въехал в парк.

— Это называется «Ласточка», — сказал Роберт. — Мой отец купил это имение много лет тому назад, в день рождения моей матери. Но он не знал тогда, что она не переносит жары.

Потом он улыбнулся и прибавил вполголоса:

— Впрочем, на свете вообще мало вещей, которые она переносит.

На несколько, километров вокруг не было ни домов, ни людей — только деревья да тугая зеленая листва кустарника, лысины красноватой земли, какие-то маленькие зверьки, которые убегали так быстро, что их нельзя было рассмотреть и за которыми охотился огромный черный пес, стороживший имение, со странным человеческим именем Онезим. Провизия покупалась в деревне, отстоявшей от имения в двух километрах, куда Луи, сторож, ездил на поскрипывающем велосипеде с педалями разной длины. Недалеко от входа в парк проходила желтовато-красная дорога, усыпанная мелкими камнями, которые трещали под автомобильными шинами. Она шла круглыми изгибами вниз, среди деревьев и кустарника, потом пересекала большую дорогу и обрывалась над бурыми скалами, которые расступались; и там, где они расступались, было несколько сосен и желтый песок, а за соснами и песком — море.

Днем Роберт и Жанина купались; под вечер, когда спадала жара, они гуляли по лесу, почти никого не встречая. Их неизменно сопровождал Онезим. Они шли по мягкой дороге, среди высоких деревьев, и он говорил ей о том, что он считал необходимым знать и чего она не знала. Впервые в жизни, — он замечал вообще, что все, происходившее с ним теперь, было всегда впервые, и этим, как он думал, он был обязан ее присутствию, — его знания нашли в себе практическое применение. Дома он диктовал ей целые страницы, которые она послушно писала, объяснял ей, почему одни слова надо произносить так, а другие иначе, почему следует употреблять эти выражения, а не те. Потом она читала ему вслух, и он терпеливо поправлял ее ошибки. Она обладала способностью быстро усваивать, по крайней мере внешне, все, что она

66

слышала, и он с удовольствием замечал, что она постепенно теряет ту манеру говорить, которая была для нее характерна вначале и по которой можно было безошибочно определить ее социальное положение.

Вещи и понятия, которые Роберт объяснял Жанине, приобретали для него значение, какого раньше не имели. Он настолько привык полагать, что всякое определение неточно, всякое утверждение может оказаться в некоторых случаях необоснованным, всякая истина относительной, что вся сумма его знаний представлялась ему чем-то не особенно ценным. Рассказывая о самых разных вещах Жанине, он думал о той совокупности понятий, которая определялась словом «культура»: это было то, чего нельзя было не знать. Миллионы и миллионы людей были чужды этим понятиям и этой культуре. И в том, что ее можно было передать женщине, которую он любил, он находил удовлетворение, какого не знал раньше, — ни тогда, когда ему казалось, что он приближается к пониманию далекой истины, найденной много лет тому назад умершим философом, ни тогда, когда ему удавалось построить более или менее гармоничную теорию в той или иной области.

Но самое важное, в чем главная роль принадлежала Жанине, — хотя он и не отдавал себе в этом отчета, — и чем объяснялась для него невозможность представить теперь себе существование вне ее присутствия, это были их любовные отношения. Она нигде не могла бы научиться этому, это было заложено в нее природой. Когда Роберт пытался это понять, ему казалось, что даже тело Жанины, которое он так хорошо знал, заключало в себе — в том или ином повороте бедер, в движении плеч — возможности, каких он до сих пор не мог себе представить. У него было впечатление, что каждый раз она уступает ему не так, как это было вчера или третьего дня, хотя на самом деле это никогда не было уступкой с ее стороны, а вызывалось именно и ее желанием. То, как в ее положении вела себя Жоржетта, его раздражало и утомляло, — то самое, что теперь казалось ему совершенно иным и бесконечно лучшим. Жоржетта была чувственной девчонкой, как он ее определял, когда она засыпала рядом с ним, а он еще не спал. о Жанине он никогда так не думал, и ему не приходила в голову мысль, что ее чувственность была несравненно длительней и глубже, чем бурные и быстрые реакции Жоржетты. Но он твердо знал, что теперь перед ним возник целый мир такой эмоциональной глубины, о которой он раньше не подозревал и которой, может быть, не существовало вообще вне Жанины и того, как она уступала ему.

И лишь изредка он вдруг испытывал приступы прозрачной печали — именно оттого, что все было так замечательно. Он думал тогда, что между всем тем трагическим и отрицательным, к чему сводилось его представление о мире и о человеческой жизни, и тем, что он испытывал теперь, было расстояние, которое, казалось бы, должно было исчезнуть и которое не укладывалось ни в какую теорию. Он думал еще, что все, происходившее в его жизни до появления Жанины, было очень давно и совершенно незначительно. То, ради чего стоило жить, возникло именно тогда, в тот вечер, когда он недосмотрел фильма в кинематографе и в случайной своей прогулке свернул с Больших бульваров на узкую улицу, спускавшуюся к Сене и проходившую через один из самых мрачных кварталов Парижа.

Проходило лето, уже раньше начинало темнеть, но стояла все та же сухая жара и море было таким же теплым. Они продолжали жить, ни о чем не думая и не заботясь. И он сказал как-то, разговаривая с Жаниной, что деньги, ценность которых он никогда не был склонен преувеличивать, имеют все-таки свою хорошую сторону, — потому что ему не нужно ни возвращаться к определенному сроку, ни спешить куда бы то ни было, и что в этом есть известная приятность; которая до сих пор от него ускользала. Он посмотрел на календарь: было восемнадцатое сентября. Но этот день отличался от других, как ему казалось, только тем, что Жанина была по-иному ближе ему, чем накануне, или два дня, или две недели тому назад.

Когда Фред пришел в себя, он увидел, что лежит на кровати, в большой комнате, стены которой были выкрашены белой масляной краской. Через отворенное окно пахло летним днем. Он не знал, сколько времени он находился здесь, и ему понадобилось необыкновенное усилие памяти, чтобы понять, как он сюда попал. Первое, что он вспомнил, было лицо Лазариса; потом завтрак с Жинеттой; потом метро... Роберт Бертье! Фред дернулся на постели и сразу почувствовал, что очень ослабел. В эту минуту вошел пожилой человек в белом халате, за которым следовало двое молодых. Он подошел к Фреду и резко поднял его подбородок своей прохладной и необыкновенно чистой рукой. Затем он посмотрел в его глаза равнодушным взглядом и сказал, обращаясь к одному из спутников:

— Скоро его можно выставить, все кончено.

— Послушайте, вы... — начал Фред. Но второй молодой человек холодно сказал ему:

— Заткни глотку.

И все трое пошли дальше. Фред хорошо знал этот тон и эти интонации: так разговаривали с ним в полиции. Этот голос объяснил ему то, чего не хватало в его представлениях: было очевидно, что он находился в тюремной больнице. Он вспомнил ощущение холодной воды, которую ему лили на голову: но где это было и кто это делал? Он вспомнил голос Роберта, произносивший невнятные слова. Он упорно восстанавливал в памяти все, что доходило до него короткими обрывками издалека, и старался связать это в более или менее ясную последовательность фактов, которые привели его сюда. Он много раз начинал сначала: утром он был у Лазариса... Наконец он дошел до своего разговора с Робертом и вспомнил, что он бросился на него. Но после этого начинался провал. Он напряженно думал. Вероятно, Роберт ударил его и он потерял сознание. И тут впервые он почувствовал, одновременно с неопределенной враждебностью к этому человеку, удивление. Это был тот самый мужчина с разнеженным лицом, который помогал Жанине выйти из автомобиля и который, когда Фред заговорил с ним, так испугался, что голос его звучал едва слышно? В этом было что-то странное, почти необъяснимое. Каким образом этот человек мог обладать такой быстротой движений и таким страшным ударом? Фред не мог этого понять. За его жизнь ему пришлось участвовать в многочисленных драках с разными противниками, и он знал, что его всегда спасало то, что он думал и действовал быстрее, чем они. И это были люди, которые знали, что они делали, и ни у одного из них, конечно, не могло быть такого выражения расслабленности, как у Роберта. И вот оказалось, что он, Фред, которого боялись все и который сам, в свою очередь, не боялся никого, потерпел такое поражение, первое за всю его жизнь. Это было настолько чудовищно по неожиданности и настолько непереносимо, что он не переставал об этом думать.

В тот же день его допрашивали. Он успел заранее все обдумать и знал, что рискует не очень многим, так как, в сущности, не совершил никакого преступления. Он так и сказал полицейскому инспектору:

— Я никому не причинил зла.

— Потому что не успел, — сказал инспектор. — Ты был нокаутирован раньше, чем собрался что-либо предпринять. Это была чистая работа. Ты имел дело с человеком, против которого ты рылом не вышел.

Фред молчал, стиснув зубы.

Он объяснил свое поведение: он позвонил в эту квартиру, потому что видал неоднократно, почти каждый раз, когда приезжал на скачки в Аи1еш1, как туда входила девушка, которая ему очень нравилась. Он хотел с ней поговорить и познакомиться.

— И чтобы лучше с ней разговаривать, ты взял с собой револьвер?

— У меня не было реводьвера, господин инспектор. Я не знаю, откуда он появился.

— Не валяй дурака.

Инспектор знал, что Фред лжет во всем. Он был в этом так же уверен, как в том, что Роберт говорил правду, — и иначе это быть не могло.

— Опиши мне эту девушку, — сказал он.

Но Фред ответил, что он едва помнит все случившееся и, в частности, не мог бы, наверное, даже узнать эту девушку. — Не забывайте, господин инспектор, что я был между жизнью и смертью.

Он повторил фразу, которую сказал о нем врач тюремной больницы и о которой он узнал до того, как идти на допрос.

В конце концов, он был присужден к месяцу тюрьмы за незаконное ношение оружия. Он осунулся за это время, и на похудевшем его лице черные глаза казались еще более пронзительными и неподвижными. В тюрьме он познакомился с невысоким, но совершенно квадратным человеком, у которого были раздавлены уши и нос. Его звали Дуду, он отбывал наказание за мелкую кражу. Он отличался двумя особенностями: он был неизменно равнодушен ко всем неприятностям и его способность понимать что бы то ни было сколько-нибудь отвлеченное была ничтожна. Фред долго смотрел на его могучую шею, литые плечи и лоб без морщин и подумал, что этот человек может ему оказаться полезным. Он не был похож ни на кого из тех, с кем ему приходилось до сих пор встречаться; у него не было ни желания, ни возможности иметь о чем-либо собственное мнение, и это было именно то, что Фреду казалось в нем наиболее ценным. Он узнал, что Дуду недавно приехал из Лиона, где жил раньше, и что он вынужден был отказаться от боксерской карьеры.

— Почему? — спросил Фред.

— Потому что у меня слабая голова, — сказал Дуду.

И он объяснил, что способен перенести любой удар или любые удары без особенного ущерба; но достаточно попасть ему в лоб, чтобы его сопротивление было сломлено. Боксеры знали это, Дуду в результате этого потерпел много поражений, и его менеджер отказался от него. Тогда он приехал в Париж, где вел очень случайное существование.

— Я тебе все устрою, — сказал Фред. — Ты увидишь, что такое настоящая жизнь.

Когда его выпустили из тюрьмы, он направился на гие 81.Сеш5. Дуду следовал за ним. Дверь комнаты, где Фред жил с Жинеттой, была заперта на ключ. Он постучал. Голос Жинетты спросил:

— Кто там?

Фред пробормотал что-то нежное. Дверь немного приотворилась, и он увидел заспанное лицо Жинетты. Она вскрикнула от неожиданности и хотела ее захлопнуть. Но было слишком поздно: Фред уже входил в комнату.

В кровати Жинетты лежал незнакомый молодой человек со смуглым лицом и темными волосами.

— Вставай! — сказал Фред. Молодой человек поднялся и стал быстро одеваться дрожащими руками.

— Он позавчера приехал в Париж, — сказала Жинетта, — он корсиканец. Он хочет теперь работать здесь.

— Ты молчи, с тобой я поговорю потом, — сказал Фред.

Когда молодой человек оделся, Фред надавал ему пощечин и вытолкал его из комнаты. Потом он сел на кровать и сказал Жинетте:

— Поди купи нам папирос. Принеси сандвичи и пива. Поторапливайся.

Жинетта набросила на себя пальто, взяла сумку и вышла.

— Ты будешь жить рядом со мной, — сказал Фред, обращаясь к Дуду. — Единственное, что ты должен делать, это слушать, что я говорю.

И через несколько дней все стало так, как было раньше. Жинетта и Ренэ по-прежнему работали каждый день и отдавали Фреду все деньги, он по-прежнему ходил в соседние бары, и внешне, казалось, ничего не изменилось. Дуду, в новом костюме и новой шляпе, повсюду сопровождал его. Он поселился в комнате Ренэ и автоматически, по назначению Фреда, стал ее покровителем. Когда она приходила под утро, она нередко заставала его уже спящим, и ее удивляло, что он часто смеялся во сне особенным, почти беззвучным смехом. Было чтото настолько странное в этом смеющемся лице с раздавленным носом и закрытыми глазами, что она его спросила:

— Почему ты смеешься во сне? тебе очень весело?

— Не знаю, — сказал Дуду. — Я смеюсь во сне?

— Да, я несколько раз замечала. Он пожал плечами.

— Первый раз слышу. Она ему говорила:

71

— Как мужчина ты не очень хорош. Это странно, потому что ты силен, как бык.

— Это ничего не значит, — ответил он. — Я никогда не увлекался женщинами, я спортсмен.

Он был равнодушен к женщинам в той же степени, как ко всему остальному вообще. И единственным человеком, к которому он относился иначе, чем к другим, был Фред.

В жизни Фреда с недавнего времени появилось нечто новое, и этого не знал никто, кроме него. Во-первых, он хотел отомстить Роберту. Во-вторых, — и это было еще важнее, — ему хотелось доказать Лазарису, что он, Фред, не похож на других его клиентов, и то, что может сделать он, не может никто, и, в конце концов, люди, о которых упоминал Лазарис и которые, по его мнению, стоят выше Фреда, будут так же бояться его, как те, среди кого проходит его существование теперь. Он не знал еще, каким путем он добьется того и другого. Он представлял себе это чрезвычайно смутно, но думал, что этого достигнет непременно и какой угодно ценой. Он понимал, что это потребует с его стороны длительной подготовки и нового подхода к вещам. Если бы Жанина ушла от него к другому, такому же, как он сам, он очень скоро разыскал бы его и потребовал бы ее возвращения. Отказа быть не могло: отказ значил бы для этого человека смерть или тяжелое увечье. И Жанина вернулась бы на rue St.Denis.

Но поступить совершенно так же по отношению к Роберту Бертье он не мог. Роберт жил в далеком и тихом квартале, был сыном владельца автомобильной фабрики, — он собрал о нем все справки, — его защищала полиция, и он был, в сущности, почти недостижим. Кроме того, Жанина жила в таких условиях, о которых никогда не могла бы мечтать: он вспомнил дом, где жил Роберт, и единственную комнату его квартиры, которую он успел увидеть.

Он впервые задумался о том, что, помимо среды, в которой он вырос, и другой, в которую он попал позже, есть еще иные и совсем особенные люди, с которыми он никогда еще не сталкивался. Они были чужды ему так, как если бы это были существа с другой планеты, все, о ком он читал иногда в газетах, — собственники скаковых конюшен, артисты, дипломаты, владельцы предприятий, где работали тысячи людей, зависевших от них, посетители Оперы, дамы в вечерних платьях, мужчины в смокингах, говорившие на иностранных языках, какие-то академики, философы, художники. Собственно, почему это было так? Все, кого он когда-либо знал, не имели никакого отношения к таким людям. Одни жили так, как он, Фред, и его товарищи, другие работали — одни на фабриках, другие в гаражах, третьи в кафе или на железной дороге, смазчиками, истопниками, электротехниками, некоторые разгружали баржи на Сене, некоторые уезжали на север, в шахты. Вероятно, это было так нужно, и у него не возникало мысли о протесте против этого порядка вещей; то, как жили люди, от которых зависели другие, было ему совершенно чуждо. Они существовали иначе, — больше ничего. Но он не мог допустить мысли, что он, Фред, самый умный и самый опасный человек, ничего не боявшийся, вдруг окажется ниже этих людей и, попав в их среду, он почему-то автоматически потеряет все те преимущества, которые так бесспорны и в ценности которых он никогда не сомневался.

Он условно представлял себе нечто вроде вертикального разреза в том порядке вещей, о котором он недавно впервые подумал: правительство, — над ним все смеялись, но оно все-таки было на самом верху, — полиция, Опера, кварталы города, где были квартиры таких людей, как Бертье, и, с другой стороны, ниже — rue St.Denis, Жинетта, Ренэ, Дуду, Фред и существование, которое они вели, потом все, кто работал на набережных Сены или на фабриках и на железной дороге, и, наконец, — деревянные нищие бараки на окраинах Парижа, где жили, пока они были живы, его мать и жилистый калека. Почему все это было именно так? И было ли это случайно или были какие-то причины для этого? До сих пор ему не приходили в голову мысли об этих ненужных, в сущности, вещах. Но у него всегда было сомнение в том, что жизнь, которую он ведет, действительно стоит той жестокой борьбы за нее, какую ему приходилось выдерживать. Этим он отличался от своих товарищей, и это имела в виду Жинетта, когда говорила, что он никогда не бывает доволен.

Он сидел однажды один на террасе кафе. За соседний столик сели двое: один — седой, загорелый человек со светлыми глазами, другой — бледный, молодой, с очень особенным и необыкновенно узким лицом. Седой человек, продолжая, по-видимому, разговор, сказал:

— Очень хорошо, я совершенно согласен с тем, что основные элементы европейской культуры, как вы говорите, цитируя Валери, — эллинское наследство, христианство и Возрождение. Но это, в сущности, классификация, то есть наименее интересная часть анализа и наиболее легкая. И это, так сказать, хронологическое сочетание решительно ничего не объясняет. Я должен вам признаться, что мне просто представляется непостижимым, как можно настаивать на каком бы то ни было объединительном признаке, который бы подходил к любому явлению в истории европейской культуры. Примеры бесчисленны: нельзя же ставить рядом какие-то проявления человеческого гения, совершенно между собой различные, и всех их произвольно объединять — живопись Джотто и философию Лейбница, портреты Рембрандта и поэзию Шелли, работы Бенвенуто Челлини и пьесы Шекспира? Человек с узким лицом ответил:

— Я вынужден протестовать против такого толкования. Мы не утверждаем, что общее определение «европейская культура» может нам дать объяснение того или иного явления. Но таких объяснений, мне кажется, вообще не существует. Здесь мы вступаем в область, конечно, иррациональную. Вы правы, конечно, что это классификация скорее, чем что-либо другое. Мы хотим только сказать, что нельзя себе представить истории европейской культуры вне влияния хотя бы одного из этих элементов, вне Эллады, или вне христианства, или вне Возрождения. И тот факт, что эта культура отличается невероятным богатством и разнообразием проявлений, только свидетельствует лишний раз о неисчислимых потенциальных возможностях этих элементов.

Фред подозвал гарсона, расплатился и вышел из кафе. Был солнечный летний день. Он шел по тротуару, задумавшись и ничего не замечая вокруг себя. о чем спорили эти люди? Он ничего не понял ни из того, что сказал первый, ни из того, что ответил второй. И какое значение в жизни каждого из них могла иметь история европейской культуры? Чем они оба занимались? Каким ремеслом? Он повторял про себя: эллинское наследство, христианство, классификация, иррациональная область, — это звучало как непонятные слова иностранного языка. Для понимания этого нужны были какие-то сведения, может быть, те самые, об отсутствии которых говорил Лазарис. Он вспомнил это ненавистное улыбающееся лицо.

— Вот чего тебе не хватает, Фред, — знаний. Но зачем вообще все это было нужно и какую ценность это могло иметь? На первый взгляд это была просто ненужная болтовня. Но человек со светлыми глазами на загорелом лице не был похож на пустомелю. Другой, узколицый, впрочем, тоже. То, что Фред не мог бы принять участие в их споре, было не так важно. Важно было другое: почему такие вопросы могли интересовать этих людей и в чем было значение этих вопросов.

Он никому не мог бы сказать об этом, потому что никто бы его не понял. Он вернулся домой — и комната гостиницы показалась ему темной и бедной, как никогда. Дуду и Жинетта играли в карты.

— Да, я забыла тебе рассказать сегодня, — сказала Жинетта, и он подумал, что у нее дребезжащий голос, — вчера у меня был клиент, очень курьезный, я говорила это Дуду, мы так смеялись.

— Молчи, — сказал Фред далеким и спокойным голосом. — Ты просто падаль.

— Ты всегда скажешь что-нибудь приятное. Фред вышел из комнаты. После минутного молчания Жинетта сказала:

— Ты видишь, Дуду, я тебе говорила, что он никогда не бывает доволен. Но я его люблю, ты понимаешь.

* * *

Было двенадцатое июля, летняя ночь, светили уличные фонари, едва слышно шумели листья на деревьях, и над дансингом «Золотая звезда» горели электрические трубки рекламы. Жерар, хозяин дансинга, фамильярно и почтительно в одно и то же время, опершись локтями о стойку, разговаривал с человеком, хорошо, но как-то безлично одетым, в синем костюме и черной шляпе. Жерар был в пиджаке и рубашке с галстуком. Но человек в синем костюме, разговаривавший с ним, полицейский инспектор, знал, что руки, плечи и грудь Жерара были покрыты сложной татуировкой — с надписями, пронзенными сердцами, якорями и змеями. Жерар был на голову выше любого посетителя дансинга; у него было широкое лицо, одновременно улыбающееся и свирепое. Единственное оружие, которого он боялся, был револьвер, единственные люди, которых он особенно остерегался, были полицейские. Он знал множество разных вещей: что такое алиби, что такое конкуренция, что такое тюрьма, что такое свобода. Он не знал только будущего. Он всегда мечтал, как он уедет на покой, поселится в маленьком домике на берегу моря и будет ловить рыбу. Но на пути к достижению этой идиллической цели были препятствия, значения которых он не мог заранее учесть. Могло случиться, что через несколько лет он действительно будет жить гденибудь между Марселем и Тулоном и «Золотая звезда» станет далеким воспоминанием. Но могло быть и так, что однажды ночью или утром его татуированный труп найдут где-нибудь в окрестностях Парижа и в маленьком домике на берегу моря будет жить кто-то другой, не имеющий представления ни о дансинге «Золотая звезда», ни о многом ином, что предопределило жизнь — и смерть — Жерара. До сих пор ему всегда удавалось выходить сухим из воды, но некоторые из тех, кого он хорошо знал и с кем был связан деловыми отношениями, давно были на том свете, и ни один из них не умер от старости. Франсуа Кадэ, беспощадный человек, любивший повторять, что он никогда не ошибается, был убит ударом ножа в спину на пароходе, между Марселем и Корсикой. Тот, кого называли Куницей, умер в комнате парижской гостиницы от припадка астмы — первого и последнего, так как никто никогда не знал, что он был подвержен этой болезни. Антуан, полуполяк-полуфранцуз, пользовавшийся неограниченным кредитом у всех содержателей кафе в известных районах Парижа, исчез в один прекрасный день, точно испарился, и лишь значительно позже, в случайном разговоре, Жерар узнал, что именно с ним произошло: Антуан повесился в Шанхае, и было непонятно, зачем ему было нужно ехать так далеко и кто внушил ему мысль о необходимости этого путешествия. Марго осталась на всю жизнь в Порт-Саиде, задыхаясь от жары и жестоко страдая от палюдизма, та самая Марго, с которой он, Жерар, танцевал на Boulevard de Belleville четырнадцатого июля, Марго, у которой были такие маленькие груди и такие глубокие глаза. Он бы не узнал ее никогда, это она узнала его в Порт-Саиде, и тогда, сидя рядом с ней, в ее убогой комнате, на ее кровати, он вдруг почувствовал, что его глаза наполнились слезами от бешенства и сожаления в то время, как она рассказывала ему, почему она попала сюда. Того человека, по вине которого это произошло, тоже теперь не было в живых, он умер накануне отъезда Жерара из Порт-Саида. Но это было слишком поздно, и ничто уже не могло спасти Марго и вновь сделать ее такой, какой она была четырнадцатого июля, — ничья смерть и ничье желание. Смерть была всюду — и Жерар это знал лучше, чем кто-либо другой: в Париже и в Уайтчепеле, в Марселе и в Бирмингеме, в холодный и туманный день европейской зимы или в тропическую ночь, на пароходе или в гостинице, на углу улицы или на берегу океана. Но его гигантское татуированное тело прошло там, где были остановлены — раз навсегда — его прежние товарищи. К сожалению, до Средиземноморского побережья было еще далеко, и Жерар знал, что ручаться за что бы то ни было можно только на несколько часов вперед, не больше. И он был готов ко всему.

Сейчас он разговаривал с полицейским инспектором, который хотел знать, кто именно приходит в дансинг, из кого состоит клиентура «Золотой звезды».

— Вы хорошо знаете, господин инспектор, — говорил Жерар, — что у нас район небогатый и большинство посетителей — люди скромные.

— Но у вас полно каждый вечер?

— Что вы хотите, господин инспектор, это молодежь.

Он пожал плечами.

— Горничные, кухарки? — спросил инспектор.

— Главным образом горничные, — сказал Жерар. — Кухарка, господин инспектор, это чаще всего толстая женщина, у нее красные руки, от нее пахнет салом... Нет, из кухарок бывают только эмансипированные, которых немного.

— Еще кто?

— Другие, — сказал Жерар, — представительницы других профессий, мы, дирекция, их об этом спрашивать не можем, вы сами понимаете. Единственное, что от них требуется, это прилично себя вести и платить, больше ничего. Много работниц с фабрики.

— А мужчины?

— Чаще всего из рабочих, — сказал Жерар. — Электротехники, механики, подмастерья. Молодежь, господин инспектор. Трудящаяся молодежь.

— А дамы? Я хочу сказать, настоящие дамы?

— Я понимаю, господин инспектор. Не те, которые служат горничными, а те, у кого служат горничные?

— Совершенно точно.

— Очень редко, господин инспектор. Вы знаете, они все ездят на rue de Lappe. У нас еще нет достаточной репутации...

— Вы понимаете, Жерар, меня, в сущности, совершенно не касается, как вы ведете дело.

— Я живу, как в стеклянной клетке, господин инспектор. Моя отчетность всегда в порядке, и все обо мне всё знают. Мне нечего скрывать...

— Тем лучше, тем лучше. Мне только хотелось поставить вам на вид, что было бы желательно, чтобы у вас не происходило никаких историй, вы понимаете. Если бы случился какой-нибудь инцидент и если бы это попало в газеты, мне лично было бы очень неприятно.

— Господин инспектор, если вам это было бы просто неприятно, то для меня это была бы катастрофа. Пока я жив, этого не произойдет. Мне не двадцать лет, я думаю о своей старости, и мне пора на покой... И я вообще не люблю историй.

Разговор происходил под музыку; оркестр состоял из двух гармоник и рояля. Первый гармонист был красивый немолодой мужчина, которому несколько лет тому назад ампутировали левую ногу до колена. Второй был молодой человек с напомаженными волосами и толстым розовым лицом, который в свое время попался в довольно крупной краже, отбыл срок тюремного заключения и под влиянием Жерара решил вести честную жизнь. Пианиста звали Жаклина — и с первого взгляда становилось понятно почему: у него было напудренное лицо, подведенные глаза, галстук бабочкой на тонкой белой шее и пиджак в талию, подчеркивавший нарочитую женственность его фигуры. Гарсоны проскальзывали между столиками, неся в руках подносы, уставленные стаканами, и с жонглерской ловкостью лавируя в толпе танцующих. В смещающихся движениях проходили мужские и женские плечи, появлялись и тотчас сменялись другими десятки человеческих глаз, почти всегда сохранявших серьезное выражение. И в звуках этой музыки, и в лицах танцующих была очень своеобразная печальная пронзительность — убожество той жизни, которую они вели, будущее, которое чаще всего их ожидало, бедные радости, которые им давала «Золотая звезда» — потому что другие были им недоступны. Среди этой толпы обращали на себя внимание очень хорошо, в отличие от других, одетые люди с мягкими движениями и бархатными глазами, в шелковых рубашках с вышитыми инициалами и в галстуках скромной расцветки. У них были разные лица, но все-таки в них было нечто общее, и становилось очевидно, что они все принадлежали к одной и той же корпорации, неопределимой для неискушенного глаза. Это было тем легче заметить, что они держались отдельной группой, и женщины, которых они сопровождали, были одеты лучше других...

Инспектор бросил быстрый и внимательный взгляд в их сторону и коротко спросил:

— Шулера?

— Клиенты, господин инспектор, — сказал Жерар. — Как вы хотите, чтобы я знал их профессию? Вот если бы у меня был такой наметанный глаз, как у вас...

Инспектор пожал плечами. В известном смысле Жерар был прав: инспектор определял профессию этих людей по их внешнему виду. Жерару незачем было этим заниматься: он знал их всех лично.

Когда инспектор уходил, Жерар еще раз сказал ему:

— Вы можете быть спокойны, историй у меня не было и не будет.

Это точно соответствовало действительности. Посетители дансинга должны были подчиняться строжайшим правилам, и Жерар сам следил за тем, чтобы они выполнялись. Для тех, кто его знал, было очевидно, что это было лучшей гарантией, какая могла существовать.

Было около половины первого ночи, когда в дансинг вошел Фред. Дуду следовал за ним. Они с трудом нашли свободный столик, заказали себе пива, и Дуду потом не пропускал ни одного танца, беспрерывно меняя партнерш. Он танцевал очень особенно, широко расставляя локти и прижимая голову к левому плечу, отчего его лицо с раздавленным носом принимало почти горизонтальное положение.

— Я от музыки делаюсь печальным, — говорил он своей даме, — и мне начинает хотеться танцевать. Вы здесь недалеко работаете?

После танца он присаживался на минуту, выпивал глоток пива, и как только музыка снова начинала играть, его уже не было.

— Я делаюсь от музыки печальным, — опять говорил он, — и мне хочется танцевать. Вы здесь недалеко работаете?

Перед входом в «Золотую звезду» остановился автомобиль, потом хлопнула дверца, и с высоты своего гигантского роста Жерар увидел, что вошли две дамы, очень молодые. Он вышел из-за стойки и спустился в зал, навстречу новым посетительницам. Все столики были заняты. Он провел их к тому, который был ближе всего от стойки и за которым сидели двое мужчин в кепках. Жерар сказал:

— Mesdames, вот вам столик. Мои друзья, — он показал кивком головы на мужчин в кепках, — только что предупредили меня, что они уходят и освобождают место.

Те поднялись и пошли расплачиваться. Валентина Симон сказала своей спутнице, красивой даме с фарфоровым цветом лица:

— You will see, it will be exciting.[6]

Музыка продолжала играть, плечи Жаклины тряслись над роялем, и особенная, дребезжащая печаль гармоник также лилась музыкальными волнами в накуренном воздухе. Валентина вспомнила, как недавно один из ее поклонников сказал ей, что звуки гармоники чем-то напоминают ему поэзию

---

[6] — Вы увидите, это будет волнующе (англ.).

Верлена: та же пронзительная печаль, вызывающая одновременно презрение и жалость. Никто не приглашал танцевать ни Валентину, ни ее спутницу. Тогда из-за стойки вновь спустился Жерар. Он подошел к Валентине, поклонился и спросил, не согласна ли она... Она поднялась и пошла танцевать с ним.

Фред давно следил за ней своими неподвижными глазами. Он увидел тотчас, — так же, как Жерар, — что Валентина принадлежала к другой общественной категории, чем обычные посетители «Золотой звезды», может быть, к той самой, что Роберт Бертье и люди, говорившие в его присутствии об истории европейской культуры. Надо было сделать все возможное, чтобы получить о ней более точное представление. Может быть, эта девушка... Когда танец кончился и Жерар отвел Валентину к ее столику, — Фред видел, что там уже стояло шампанское, которого обычно никто не заказывал в «Золотой звезде», — он поднялся и направился туда. Но когда он проходил мимо стойки, Жерар бросил в его сторону выразительный взгляд, в значении которого нельзя было ошибиться. Фред приблизился.

— Здравствуй, мой милый, — сказал Жерар. Рот его был раздвинут в улыбке, но глаза смотрели холодно и свирепо.

— Здравствуй, патрон, — ответил Фред. Жерар не любил, когда к нему так обращались. Он предпочитал, чтобы его называли «господин Жерар». Но он сделал вид, что не обратил на это внимания. Он понизил голос и сказал:

— Если ты собираешься пригласить эту барышню...

— С вашего разрешения, патрон.

— Конечно, — сказал Жерар. — Я только хотел тебя предупредить, что обращаться с ней надо чрезвычайно деликатно. Если бы тебе пришла фантазия разговаривать с ней, как с Жинеттой или Ренэ, это было бы крайне неуместно и могло бы иметь самые печальные, — он подчеркнул эти слова, — последствия. Ты понимаешь?

— Господин Жерар, — сказал Фред, — я не слепой, у меня есть глаза. Вы можете быть совершенно спокойны.

— Я спокоен, — сказал Жерар. — Если кому из нас придется волноваться, то это тебе, а не мне. Я знаю твою репутацию, но помни, что есть случаи, в которых никакие личные качества помочь не могут. И верь мне, я знаю, что я говорю. Но я знаю также, что ты хороший парень.

Фред успел подумать, что за последнее время он наталкивается на препятствия, которых раньше как будто не было. Он закусил губу, но ничего не сказал и направился к столику Валентины.

Она давно была пьяна, он увидел это по ее туманным глазам. Почти не глядя на него, она положила ему руку на плечо и пошла танцевать. Его поразило ощущение свежести, которую он почувствовал, приблизившись к ней, белизна ее легкой блузки, длинные и чистые ее пальцы, квадратные часики на массивном золотом браслете. Он молчал первые секунды, не находя слов. о чем можно было с ней говорить?

Она заговорила первая. Ее взгляд упал на его башмаки с белым верхом и желтым низом, она улыбнулась широкой улыбкой и спросила пьяным голосом:

— Вы сутенер, да?

— Почему?

— Я не специалистка, — сказала она. От нее пахло холодным шампанским. — Но это видно по вашим башмакам.

Фред не понимал.

— Вы не знали? Двухцветные башмаки носят чаще всего сутенеры. Я об этом много раз читала. Расскажите мне, как вы работаете.

— Это не так просто, mademoiselle, — сказал Фред, — на это потребовалось бы много времени.

— Но у нас вся ночь впереди, — сказала Валентина. — Мы будем пить шампанское, и вы будете мне рассказывать, как вы работаете.

— Вас, вероятно, ждут ваши родители дома, mademoiselle, — сказал он.

— У меня нет родителей, — ответила она своим пьяным голосом. — Мой отец давно умер, мать тоже. Я живу у дяди. Эта старая обезьяна меня ненавидит, но он ничего не может сделать, потому что в его положении это невозможно.

— В его положении?

— Ну, да, — сказала Валентина, — он сенатор. Я вам говорю — старая скупая обезьяна.

— Mademoiselle, — сказал он, — если это вас действительно интересует, мы можем с вами как-нибудь встретиться, я с удовольствием...

— Хорошо, позвоните мне по телефону до двенадцати часов дня, — сказала она. Она была совершенно пьяна. — Если вам ответит горничная, попросите mademoiselle Valentine. Вот номер, — она дала ему номер телефона. — Как ваше имя?

— Фред.

— А? — сказала она с удивлением. — Вы английского происхождения?

— Нет, меня так называют. Мое настоящее имя Франсис.

— Хорошо, скажите, что звонит Фред. Вы не забудете?

— Будьте покойны, mademoiselle Valentine, — сказал он, — я не забуду.

Танец кончился, он отвел ее к месту и ушел.

— Хорошая бабенка, — сказал ему Дуду. — Я приглашу ее на следующий танец.

— Боже тебя храни даже думать об этом, — сказал Фред. — Забудь о ее существовании. Дуду пожал плечами.

— Это неважно. Не то чтобы меня интересовала одна какая-нибудь девушка больше, чем другие. Я люблю музыку и танец, ты понимаешь?

— Да, — сказал Фред.

Через десять минут они выходили из дансинга. Недалеко от входа стояли двое полицейских, немного дальше — такси с опущенным флажком счетчика. Шофер в сером халате прохаживался по тротуару.

— Задержан? — спросил его Фред, остановившись на минуту.

— Жду уже полтора часа.

— Не скучаешь?

— А как ты думаешь? Счетчик идет, километров не делаешь, бензина не тратишь — одно удовольствие. И не гоняешь машину по всем улицам. Так спокойнее. А я люблю спокойствие, что ты хочешь. Я такой.

— Ты полон благоразумия, — сказал Фред, хлопнув его по плечу. — А я вот не люблю спокойствия.

— Il faut de tout pour faire un monde,[7] — сказал шофер. — Спокойной ночи.

— Спокойной ночи, — ответил Фред.

— Il faut de tout pour faire un monde, — повторил Дуду. — Что он, собственно, хотел сказать?

— Он хотел сказать, — ответил Фред — глаза его пристально смотрели на матовый белый шар уличного фонаря, в котором мягко растворялся взгляд, упиравшийся в светлую муть, — что ты хороший парень, но что пороха ты никогда не выдумаешь. Дуду посмотрел на него и ничего не ответил. А в «Золотой звезде» Валентина допивала шампанское. Все смутно плыло перед ее глазами, по-прежнему играли гармоники, сквозь которые временами доходили звуки рояля. Напудренное лицо Жаклины смотрело в сторону Валентины с ненавистью, как ей

---

[7] Нужно все делать для того, чтобы избежать трудностей (фр.).

казалось. Она вспомнила почему-то портрет Рембо, юношеское и преступное его лицо, — и вдруг что-то обожгло ее на секунду, какое-то понимание, мгновенно от нее ускользнувшее. Она не знала, что это было, — может быть, Жаклина, может быть, Рембо, может быть, мысль о том, что за этим дымом, за прохладным туманом шампанского, за гармониками и роялем вдруг возникает, как во сне, черная и холодная пропасть. Она покачнулась на стуле и едва не упала. Жерар, все время следивший за ней, подошел к ее столику.

— Я не мог бы вам быть чем-нибудь полезен? Спутница Валентины была тоже совершенно пьяна.

— Да, пожалуйста, — сказала Валентина. — Вот деньги, — она открыла сумку. — И доведите нас до такси, которое нас ждет.

Жерар поклонился. Через две минуты автомобиль увозил Валентину по ночным улицам Парижа, и шофер, привычно глядя перед собой на огни встречных машин и черную блестящую мостовую, думал, что скажет жене, вернувшись домой, чтобы завтра к обеду она приготовила кролика. Это было то, чего ему давно хотелось и чего он не мог вспомнить, когда ждал своих клиенток: ему было легче думать во время движения автомобиля. Когда он стоял, это было гораздо труднее.

* * *

На следующий день после того, как она была в «Золотой звезде», Валентина встала очень поздно, с легкой головной болью и ощущением мути, от которого не могла избавиться. Она приняла горячую ванну, и когда вышла, наконец, в столовую, она узнала, что дядя приглашен на какой-то официальный завтрак и будет дома не раньше четырех часов. Ей предстоял неприятный разговор с ним: было тринадцатое июля и от денег, которые он выдавал ей каждое первое число месяца, ничего не осталось. Она знала, что это вызовет очередной скандал.

Но она не думала все-таки, что объяснение будет носить такой бурный характер. Симон, вернувшийся домой с чувством тяжести в голове и желудке, был вообще в дурном настроении. Но когда Валентина пришла к нему и сказала ему тем вялым голосом, каким она всегда начинала говорить, как только речь заходила о деньгах, что у нее ничего не осталось и что ей нечем заплатить за билет метро или автобуса, он пришел в бешенство.

Лицо его побагровело, он глотал воздух и несколько секунд не мог сказать ни слова. Потом он начал кричать нечто бессвязное и непонятное, так что это было больше похоже на звуковой протест, чем на сколько-нибудь логическую аргументацию. Валентина только поняла, что у него нет фабрики фальшивых денег и что он об этом жалеет, что у него зато есть бюджет, которого он не может превысить, что он заслужил право не умереть в нищете и в самое ближайшее время, то есть не позже чем сегодня вечером, ему предстоит очередной крупный расход, так как явится этот мерзавец Шарпантье.

— Подожди немного, — сказала она, морщась от его крика. — Кто такой Шарпантье?

— Кто такой Шарпантье? Кто такой Шарпантье? Ей показалось, что на его губах выступает пена.

— Ты меня спрашиваешь, кто такой Шарпантье? Нет, это действительно превышает всякую меру! Шарпантье — шантажист, которому я плачу, чтобы он молчал и не предавал гласности некоторые вещи, ты понимаешь?

— Что же ты скрываешь?

Он хотел что-то ответить, но не мог и упал в кресло. Затем он сделал ей повелительный знак своей дрожащей рукой: она налила стакан воды и передала ему. И как только он выпил его, он закричал:

— Мне лично нечего скрывать! Моя жизнь безупречна! Но я не могу сказать того же о других!

Он вдруг понял, что Валентина не должна была ничего знать об этом, и даже пожалел, что упомянул о Шарпантье. И когда он подумал об этом, он сразу стал спокойнее.

— Не будем об этом говорить, — сказал он примирительно. — Ни я, ни ты в этом не виноваты: я расплачиваюсь за вину других людей, Шарпантье знает, что я не могу ничего сделать, и поэтому он меня шантажирует, постепенно увеличивая сумму, которую я ему плачу. Это понижает значительную часть моих доходов. Поэтому я стеснен в средствах.

— И ты не можешь просто отказать ему?

— Если ты думаешь, что для понимания такой возможности мне нужно было ждать твоего совета...

— И ничего нельзя сделать? Он пожал плечами.

— А какой это Шарпантье? Это тот высокий, лысый человек, который иногда приходит?

Он утвердительно кивнул головой. Потом он сделал рукой усталый жест, достал бумажник, вынул оттуда несколько кредитных билетов и передал их Валентине.

— А теперь иди, — сказал он. — Постарайся быть менее расточительной. Иди, мне надо отдохнуть. Это проклятая утка и бургундское...

Уходя в свою комнату, Валентина думала о том, что в ее доме есть какая-то тайна, есть шантаж и это очень забавно. Когда Шарпантье, действительно, пришел за деньгами в тот же вечер, она была дома и внимательно осмотрела его. Она вспомнила его костюм с поблескивающими локтями пиджака, его походку — он ходил, выворачивая в сторону носки ног, — его лысину, желтоватую кожу его лица и общее впечатление скрытой нечистоплотности, которое он производил, точно этот человек никогда не принимал ванны. И она подумала, что типичный шантажист должен быть именно таким. Он недолго пробыл у Симона и ушел своей странной походкой, зажимая под мышкой потертый портфель и несколько склонив голову набок. Она смотрела ему вслед с любопытством и легким отвращением, но без какого бы то ни было враждебного чувства. Шариантье почтительно поклонился ей, проходя через гостиную, где она сидела с книгой в руках, и подумал, как это думали все, кто видел Валентину, что племянница сенатора была похожа на кинематографическую артистку. Он вспомнил о той, давно прошедшей ночи, когда ее мать ему принадлежала, и эта мысль заключала в себе почти бессознательное ощущение его превосходства над этой девушкой. Он встретил на секунду безразличный взгляд ее светлых глаз — и вдруг испытал мгновенное и совершенно необъяснимое чувство страха, настолько сильное, что у него начали трястись руки. Выйдя на улицу, он оправился, и когда он вспомнил об этом чувстве страха, оно показалось ему непонятным и вздорным. Он подумал, что нужно, пожалуй, пить меньше черного кофе, и пошел по направлению к метро.

По дороге он подводил в уме свой месячный итог. Потом он едва заметно покачал головой с удовлетворением. Вечером, дома, разговаривая с женой, он сказал, что иногда некоторые отрицательные поступки могут иметь положительные последствия. Эта фраза не требовала никаких комментариев, это было философское изречение. Но оно не было таким отвлеченным, каким могло показаться на первый взгляд. Говоря об отрицательных поступках, он имел в виду поведение Анны, матери Валентины; говоря о положительных последствиях, он думал о том, что это дало ему возможность значительно увеличить свои собственные доходы, шантажируя сенатора Симона. Это был, в сущности, один из непредвиденных вариантов закона достаточного основания. Но эта сторона вопроса его не интересовала как таковая.

Фред позвонил Валентине через два дня, он долго думал об этом перед тем, как опустить жетон в телефонный ящик и составить номер, который был у него записан. Валентина так же отличалась от других девушек, тех, которых он хорошо знал, как Роберт Бертье и люди, говорившие в кафе об истории европейской культуры, отличались от него самого. Он думал именно об этом, не о том, чем каждый из них не походил на другого, а о чем-то, что у них было общего. И Валентина, и Роберт, и эти люди в кафе могли быть совершенно не похожи друг на друга, но ему казалось, что в самом главном, что отличало их от тех, кого он знал до сих пор, они были одинаковы. Он вспомнил это особенное ощущение свежести, которое было характерно для Валентины, ее небрежные движения, ее голос, голос девушки, которая привыкла никого не бояться. Этим же голосом она могла бы, вероятно, говорить с судебным следователем или полицейским инспектором. И у нее, конечно, не было никакого страха перед Фредом, и даже если бы она знала его репутацию, это, наверно, не испугало бы ее. Она бессознательно чувствовала свое превосходство над ним. Чем оно объяснялось? Все тем же непонятным отличием, заключавшимся в том, что она знала какие-то ненужные вещи, которых не знал он?

Она назначила ему свидание в большом кафе на Елисейских полях. Он обыкновенно приходил на каждое свидание с небольшим опозданием: он знал, что его должны были ждать. Но теперь он пришел на пять минут раньше назначенного часа. Валентина явилась через несколько минут; он видел, как она подъехала на такси. Она была в светлосером костюме, с другой сумкой и с другой прической, и на этот раз у нее были совершенно ясные глаза. Она подала ему свою прохладную руку и заказала себе черного кофе.

— Я никогда еще не встречала таких людей, как вы, — сказала она ему. — Расскажите мне о себе. Как вы жили раньше, как вы стали заниматься этой профессией?

— Это вас, наверное, забавляет, mademoiselle Valentine? — спросил он. — Да?

Но она была теперь не такой, какой он ее запомнил в тот вечер, когда танцевал с ней. Ее лицо было серьезно, и ее глаза смотрели на него со спокойным вниманием. Он даже подумал, что в ее взгляде было что-то почти доброжелательное.

— Нет, — сказала она. — Забавляет — это не то слово. Я бы сказала — интересует.

И вдруг Фред, первый раз в своей жизни, почувствовал непостижимое желание рассказать ей то, чего он до тех пор не рассказывал никому. Он не отдавал себе отчета в том, почему ему захотелось сказать это именно ей, бесконечно далекой и чужой mademoiselle Valentine. Он понял это потом, много позже; но тогда, в ту минуту, он этого не понимал.

— Есди вы думаете, что в этом есть что-нибудь веселое, mademoiselle, — сказал он, — то вы ошибаетесь. Я не знаю, интересно ли это.

Он бессознательно старался говорить так, как говорили люди в кафе.

— Я вас слушаю со вниманием. Она увидела, что на его юношеском худом лице вдруг дернулся рот.

— Видели ли вы когда-нибудь деревянные домики на окраинах Парижа?

— Нет, — ответила она. — Я где-то читала о них, это, кажется, был какой-то репортаж. Но я их никогда не видела.

— Я там родился, — сказал он. — Это было возле Porte d'Italie.

Она заметила, что у него немного дрожали руки.

— Это было двадцать два года тому назад, — сказал он. — Я не знаю, кто был мой отец, моя мать тоже этого не знала. И, вероятно, он тоже не знал, что я был его сыном. Я не имею о нем никакого представления. Я не знаю, жив ли он. Может быть, нет. У нас легко умирают, mademoiselle Valentine.

Она кивнула головой.

Он рассказал ей о своем детстве, о том, как он питался, как он был счастлив однажды, когда нашел в мусорном ящике настоящий сандвич с ветчиной. Ему было тогда семь лет. Он рассказал ей о бесконечных побоях, о жилистом калеке, о том, как он попал в исправительный дом, как он работал у крестьянина, как просил милостыню, притворяясь слепым.

— И вы никогда не встретили никого, кто бы к вам хорошо отнесся?

— Si,[8] — сказал он. — Это была немолодая женщина. Она была проститутка — как другие.

— Вы с ней потом расстались?

— Да, — сказал Фред. — Однажды утром я нашел ее задушенной.

— Вы узнали, кто ее задушил?

— Да, mademoiselle, это был маньяк. Через некоторое время он умер в сумасшедшем доме.

---

[8] — А как же (фр.).

Валентина молчала несколько секунд. Это было совсем не то, чего она ожидала. То, что рассказал ей Фред, было тягостно и скучно. Она думала, что знакомство с ним окажется более интересным.

Фред, в свою очередь, задал ей несколько вопросов. Он узнал, что она учится на юридическом факультете, что она живет у дяди, что она собирается уехать на лето в Англию, что ее дядя болезненный и скупой старик, что, не считая шофера, горничной и кухарки, они живут с ним вдвоем в огромной квартире, и когда она уходит, он остается долгими часами совершенно один. Затем она взглянула на часы, сказала, что ей пора идти, что, может быть, еще встретится с ним после возвращения из Англии, и ушла. Ей было теперь ясно, что эта встреча и рассказ Фреда — все это было лишним, и она подумала об этом не без некоторой досады. Ей казалось теперь, что она могла бы не сообщать Фреду даже тех незначительных сведений о себе, которые она дала. Но она чувствовала по отношению к нему нечто вроде морального обязательства после того, что он рассказал ей о себе. Уходя, она знала, что никогда больше не увидит этого человека — во всяком случае, если это будет зависеть от ее желания.

Фред вышел из кафе через несколько минут после нее. Но вместо того, чтобы вернуться домой, он пошел пешком по Елисейским полям, направляясь к place d'Etoile. До сих пор ему почти не приходилось бывать в этом квартале города. Он спустился по avenue Foch и вошел в Булонский лес. Там он свернул в одну из боковых аллей и, найдя удобное, как ему показалось, место, лег на траву, подпер голову рукой и опять углубился в те мысли, которые овладели его воображением за последнее время. Они были сейчас крайне неясными и расплывчатыми, но одну вещь он знал твердо: он не хотел продолжать жить так, как он жил до сих пор.

За его спиной послышался звук копыт. Он обернулся: по аллее ехали верхом двое, молодой человек и девушка. Лошади шли шагом и обмахивались хвостами. До слуха Фреда донеслось несколько слов, которые произнес молодой человек, и фраза девушки, ответившей ему. Они говорили на иностранном языке. Он долго смотрел им вслед, жуя блеклую травинку и думая все о том же. Бросить rue St.Denis, Жинетту, Ренэ, Дуду, уйти однажды утром и не вернуться. Даже больше — исчезнуть, сделать так, чтобы Фред перестал существовать и чтобы через несколько лет... Но его воображение отказывалось идти дальше.

Тогда он стал думать о практической стороне своего

проекта, который показался бы непонятным и необъяснимым для всех, кто его знал. Нельзя было, конечно, откладывать каждый день какую-то сумму денег, на это потребовалось бы слишком много времени и терпения. Деньги нужны были сразу. Но до всего этого надо было встретить Роберта Бертье, это было самое главное. Он вспомнил с досадой, что Роберта не было в Париже, он, вероятно, уехал куда-нибудь на лето с Жаниной, и, может быть, теперь, где-то за сотни километров отсюда, они говорят о нем, Фреде, и смеются над его неудачей. Очень возможно, что Роберт больше не боялся его. Если это было так, то он был не прав, потому что Фред был не таким, как другие, и тем, кто был склонен это забывать, придется дорого заплатить за свою ошибку.

Он поднялся с травы и пошел по направлению к городу. В правом кармане его пиджака лежал револьвер. Он шел, прямо глядя перед собой, чувствуя каждое движение своего тела, и думал о том, что нет опасности, которая застала бы его врасплох: он был готов к действию в любую минуту. Но аллеи Булонского леса были пустынны, был мирный июльский день в Париже, не было никакой опасности и никакой необходимости действовать, было тепло, был сонный воздух, и в высоком небе неподвижно стояли белые перистые облака.

* * *

Труп Шарпантье был найден в лесу, возле дороги, недалеко от Фонтенбло, на рассвете дождливого дня, четвертого августа. Его увидели жандармы, проезжавшие на велосипедах. Шарпантье лежал, уткнувшись лицом в придорожную траву, и кровь густо запеклась на его голове: у него был проломлен череп. Согласно заключению полицейского врача, смерть последовала от того, что Шарпантье, падая, ударился со всего размаха головой о каменную тумбу с указанием числа километров от этого места до Парижа. На трупе нашли бумажник, по-видимому, нетронутый, потому что там была известная сумма денег — около трехсот франков, — несколько фотографий, изображавших голых женщин в разных позах, и визитную карточку, на которой было написано: «Виктор Шарпантье, помощник бухгалтера, 265, бульвар Анатоль Франс, Монруж». Секретарь ближайшего комиссариата составил соответствующий протокол: «в четыре часа шесть минут утра»... «около семидесяти метров от места, называющегося»... «смерть последовала много часов тому назад»... «никаких других знаков насилия»... Полицейское следствие установило целый ряд фактов, относившихся к жизни Шарпантье, но их совокупность не могла дать никакого объяснения его смерти. Шарпантье был на отличном счету в своем предприятии, был примерным семьянином, вел образцовый образ жизни, никогда подолгу не отсутствовал из дому, не имел подозрительных знакомств и отличался еще, в довершение всего, отсутствием каких бы то ни было разорительных страстей. Накануне того дня, когда его труп был найден около Фонтенбло, он ушел утром из дому, как всегда, и проработал в конторе до вечера. Затем он вышел оттуда, как выходил, кончив работу, каждый день, — и исчез. Куда он направился и что случилось потом, было невозможно установить, как нельзя было понять, почему он очутился вечером на дороге в Фонтенбло. Все сведения, собранные о нем, были самыми положительными. В конце концов, выяснилось только одно обстоятельство, которое не могло не показаться несколько странным; в сберегательной кассе и в банке, где у Шарпантье был текущий счет, оказалась довольно крупная сумма денег, настолько крупная, что вряд ли он мог ее сэкономить, даже если предположить, что он откладывал максимум того, что мог, всю свою жизнь. Но предположение, напрашивавшееся само собой, о том, что доверенная ему отчетность могла бы дать этому достаточное объяснение, оказалось ошибочным: отчетность была в идеальном порядке, и директор предприятия сказал, что Шарпантье можно было дать миллионы и быть уверенным, что ни один франк не пропадет. Тот факт, что в его бумажнике были неприличные фотографии, тоже ни в какой мере не был показательным: Шарпантье был немолодым человеком и в этом «эротическом уклоне», как это назвал в своем отчете репортер распространенной вечерней газеты, не было ничего странного. Предположение о самоубийстве, — помимо того, что у Шарпантье не было для этого никаких оснований, — отпадало тоже: согласно рапорту полицейского врача, Шарпантье, по всей вероятности, был выброшен из автомобиля на полном ходу. Другими словами, — без того, чтобы это можно было утверждать с абсолютной достоверностью, — надо было полагать, что Шарпантье был убит неизвестным человеком или неизвестными людьми четвертого августа — по неизвестным причинам.

«Нам остается надеяться, — писал тот же репортер, — что полицейскому следствию удастся пролить свет на те загадочные обстоятельства, при которых произошло это преступление. Можно сказать без преувеличения, что оно бросает вызов самой элементарной логике и всем нашим представлениям о том, какими именно соображениями объясняются убийства вообще. Одно можно утверждать, не рискуя ошибиться: беспричинных убийств почти никогда не бывает и, может быть, причина тем глубже, чем более она кажется непонятной. Здесь речь идет о профессиональной чести полиции, которая должна, если она не хочет, чтобы ее престижу был нанесен непоправимый удар, выяснить, как и почему это произошло. Мы не допускаем мысли, что это убийство может остаться безнаказанным. Мы хотим знать, — и мы имеем на это право, — как и почему умер помощник бухгалтера Шарпантье».

Эти последние строки отчета должны были, однако, рассматриваться просто как стилистическая виньетка. Репортер был достаточно опытным человеком и понимал, что задача полиции в данном случае была почти неразрешима. Впрочем, вся жизнь Шарпантье не давала, казалось бы, решительно никаких оснований для скольконибудь произвольных предположений о том, что он из себя представлял. Было неизбежно, конечно, что будет написано несколько строк о его двойной жизни, но тот бесспорный факт, что все его времяпрепровождение всегда можно было установить с необыкновенной легкостью и точностью в любой период его существования, лишал эту теорию всякой убедительности. Единственное событие, несколько отличавшееся от тех, которые составляли ежедневное, ежемесячное и ежегодное существование Шарпантье, никогда не бравшего, по экономическим соображениям, отпуска, произошло десять лет тому назад, когда он был послан своим предприятием в Марсель для проверки некоторых итогов тамошнего отделения фирмы. Он провел там четыре дня и, выполнив за это время свою работу, вернулся в Париж. Полиция заинтересовалась вопросом о том, когда именно Шарпантье внес в банк ту сумму, размеры которой не могли не удивить всех, кто знал его скромные доходы. Но как раз в годы, непосредственно предшествовавшие его путешествию в Марсель и непосредственно за ним следовавшие, он не сделал ни одного вклада. Они начались значительно позже и чаще всего совпадали с началом месяца. Было ясно только одно: в жизни Шарпантье было нечто, что так или иначе предопределило его трагическую и, вероятно, насильственную смерть. Это могла быть какая-то ошибка в сложном расчете, это могла быть какая-то личная его особенность, о которой знали только он и тот или те, кто совершил убийство — если он действительно стал жертвой убийства. Но для того, чтобы прийти к этому выводу, вовсе не было необходимости прибегать к помощи полицейского следствия. Он вытекал из того факта, что, по всей вероятности, — как это было сказано в заключении врача, — Шарпантье был именно убит, а не умер своей смертью.

Не считая семьи покойного, где его неожиданный уход из жизни, впрочем, не вызвал особенно бурных реакций ни со стороны его детей, к которым он был неизменно строг и которые его не очень любили, ни со стороны его жены, в существовании которой он давно перестал играть главную роль, не считая его сослуживцев и начальников, отнесшихся к этому как к любому другому факту газетной хроники, — был один человек, испытавший нечто вроде удовлетворения, когда он прочел об этом в уголовной рубрике вечернего листка: сенатор Симон. Ему сразу бросился в глаза заголовок: «Таинственное убийство в лесу Фонтенбло». Он находился в это время в Виши. Он внимательно прочел заметку об этом, и когда он убедился, что речь шла действительно о помощнике бухгалтера, Викторе Шарпантье, примерном отце семейства и нравственно безупречном человеке, он отложил газету и задумался на несколько минут. По-видимому, Шарпантье был менее осторожен, чем это казалось на первый взгляд, и у него были знакомства, которых следовало избегать. Это было единственное объяснение, которое ему пришло в голову. Если бы ему сказали, что была какая-то связь между тем, что Шарпантье долго шантажировал его, Симона, и тем, что он потом был убит, он бы пожал плечами. Он испытал необыкновенное облегчение и почувствовал, что избавился от неприятного груза. — Тем лучше, — пробормотал он про себя, — тем лучше. — Он был почти благодарен судьбе, которая позаботилась о том, чтобы убрать Шарпантье из его жизни. Таким образом, и с этой стороны полицейское следствие не могло ожидать никаких разъяснений; и причина этого преступления до конца осталась непонятной, как если бы ее не существовало вообще. Следствие было фактически прекращено. Журналист вечерней газеты, все тот же, написал статью, где приводил ряд почти отвлеченных криминологических соображений и приходил к заключению, что это убийство следовало рассматривать как классический пример преступления, в расчете которого не было допущено ни одной ошибки. Особенное совершенство выполнения он видел в том, что убийце или убийцам удалось сделать так, что причина преступления осталась неразгаданной, — главное и, в сущности, непреодолимое препятствие для всякого следствия. Он высказывал, однако, убеждение, что только недостаток некоторых основных данных, а не идеальная отвлеченная неразрешимость, мешает беспристрастному исследователю установить, как именно и почему именно это произошло.

Его статья была последним по времени упоминанием о Шарпантье. Потом о нем перестали писать и перестали им интересоваться. Преступление осталось нераскрытым, и никто из тех, кому было поручено обнаружить убийц, даже не узнал, что, собственно, предопределило участь Шарпантье. Это было понятно и неизбежно, — потому что никому в голову не могла прийти мысль, что в вопросе о жизни или смерти этого человека главную роль, решившую его участь, играли некоторые анатомические особенности Маргариты, эльзасской девушки, анатомические особенности, делавшие понятным ее пристрастие к физически сильным людям. При другом стечении обстоятельств эта ее особенность в выборе любовников могла бы не повлечь за собой никаких неприятностей для кого бы то ни было. Но в данном случае это ее пристрастие предопределило судьбу Шарпантье — потому что Маргарита была горничной у сенатора Симона, потому что она познакомилась некоторое время тому назад с Дуду, потому что от Дуду у нее не было секретов и потому что, лежа с ним в кровати, в своей комнате, и глядя на него влюбленными глазами, она рассказала ему о Шарпантье, которому Симон сказал во время его очередного посещения:

— У меня нет денег, я могу вам дать только чек. Если вы непременно хотите наличными, приходите в среду вечером после вашей работы, и вы сразу получите все двадцать тысяч. И не опаздывайте, потому что я уезжаю в Виши вечерним поездом.

Маргарита слышала этот разговор и рассказала о нем Дуду, как она рассказывала ему все, что происходило в ее несложной жизни: прачка не вернула ей одной простыни, слесарь обещал прийти в четыре, а пришел только в пять. И Дуду так же, быть может, не обратил бы на это внимания.

Но за Дуду стоял Фред. Он давно следил за домом сенатора и думал о том, как именно следует действовать. Ему нужно было знать, где Симон хранит свои деньги и драгоценности, есть ли у него несгораемый шкаф, и если есть, то какой приблизительно системы. Это он узнал, что полная девушка с маленькими голубыми глазами и явным эльзасским акцентом служит горничной у сенатора. Его собственная попытка завязать с ней знакомство не привела ни к чему, и тогда он послал вместо себя Дуду. Когда Дуду передал ему слова Маргариты, Фред сказал:

— В среду вечером мы это устроим. Я все беру на себя, ты будешь делать только то, что я тебе буду говорить.

В понедельник утром Маргарита уехала на две недели в Эльзас. Во вторник вечером Дуду, — который до того, как выступать на ринге, был шофером, — увел синий четырехместный автомобиль, который принадлежал какому-то коммивояжеру и который показал ему Фред. В среду вечером этот автомобиль стоял недалеко от дома, в котором жил сенатор Симон. Дуду был у руля; в глубине машины сидел Фред. В половине восьмого Шарпантье, поднявшись по бульвару, позвонил у двери сенатора. Без четверти восемь он показался на пороге и затворил за собой дверь. Фред вышел из автомобиля и, не обернувшись к Дуду, пошел наперерез Шарпантье. По тротуарам шли люди, по бульвару проезжали автомобили. Небо было покрыто тучами, и, несмотря на ранний час, казалось, что начинает темнеть. Фред приблизился к Шарпантье и сказал:

— Будьте любезны следовать за мной. Если бы Шарпантье не испытал того смертельного испуга, который совершенно парализовал его волю, он, вероятно, спросил бы Фреда, кто он такой и на каком основании он, Шарпантье, должен следовать за ним. Но он так испугался, что на некоторое время потерял дар речи. Кроме того, в его кармане лежало двадцать тысяч франков, и, может быть, это было известно, и, может быть, было известно, каким путем они получены. Он шел на обмякших ногах рядом с Фредом. Фред втолкнул его в автомобиль, и машина сразу двинулась. Они проехали по окраинным бульварам, пересекли реку и помчались опять по прямой линии. Шарпантье спросил едва слышно — в горле у него пересохло:

— Куда вы меня везете?

— Пожалуйста, без вопросов, — холодно сказал Фред.

Автомобиль проехал через Вильжюиф и, набирая скорость, шел теперь по дороге в Фонтенбло. Фред молчал. Шарпантье смотрел мутными, отчаянными глазами на широкие плечи Дуду и его невыразительный, равнодушный затылок. У него учащенно билось сердце, и когда он провел рукой по лицу, его вдруг точно издали удивило ее холодное прикосновение. Он сделал над собой усилие и еще раз спросил:

— Я все-таки хочу знать, куда мы едем?

И тотчас же он почувствовал, что в его правый бок упирается дуло револьвера.

— Еще одно слово — и конец, — сказал Фред. Навстречу автомобилю неслись темные деревья. Начал идти дождь, и по стеклам машины заструились капли воды. И тогда, именно в эту минуту, Шарпантье вдруг понял, что он погиб. Он хотел что-то сказать, но вспомнил предупреждение Фреда и не посмел. Рубашка его была мокрой от пота. Ему было трудно дышать. Потом перед ним появились на секунду далекие и туманные глаза Анны — тогда в Марселе... Он был близок к обмороку. Фред сказал, обращаясь к Дуду:

— Остановись с правой стороны, за этим поворотом.

Автомобиль остановился. Фред сказал Шарпантье:

— Бумажник.

Шарпантье вынул бумажник и отдал его Фреду. Фред пересчитал деньги, взял двадцать тысяч, оставил триста франков и вернул бумажник Шарпантье. Потом он спросил:

— За что старик платит тебе деньги? По крыше автомобиля стучал дождь, капли воды безостановочно текли по стеклам. Шарпантье молчал и смотрел перед собой отчаянными глазами.

— Я тебя предупреждаю, что если ты мне не ответишь, для тебя все кончено, — сказал Фред.

Шарпантье тяжело дышал, но не произносил ни слова.

— Ну, — сказал Фред.

Дуло револьвера опять уперлось в бок Шарпантье.

Тогда он рассказал невыразительным и прерывающимся голосом, как все произошло. Когда он кончил говорить, Фред сказал:

— Забудь теперь дорогу туда. Этим займусь я. Твое дело кончено. Если ты еще когда-нибудь там появишься... Теперь выходи.

Дорога была пустынна. На ровной ее поверхности вскакивали и лопались пузыри дождя. Шарпантье вышел из машины и пошел слепо и прямо перед собой. Он боялся обернуться, ему казалось, что Фред стоит в двух шагах от него с револьвером в руке.

Дуду, беззвучно смеясь, разогнал машину и, поравнявшись с Шарпантье, надавил на клаксон. Шарпантье в ужасе метнулся в сторону, нога его зацепилась за проволоку, проходившую невысоко над землей, и в конце своего стремительного падения он ударился со всего размаха головой о каменную придорожную тумбу. Потом он дернулся еще раз и остался неподвижен.

— Ты сбил его с ног, дурак! — закричал Фред.

— Я до него не дотронулся, — испуганно сказал Дуду. — Честное слово... Я хотел его немного напугать... А править я умею... ты мне поверь...

Они вернулись в Париж. На одной из улиц, пересекавших avenue d'Italie, они оставили автомобиль, поехали в метро на rue St.Denis и пошли обедать в маленький ресторан, где обедали обычно.

* * *

Сенатор Симон вернулся из Виши в конце августа. Как всегда, он чувствовал себя теперь значительно лучше, чем до отъезда. Но того, на что он надеялся, все-таки не произошло. Он думал, что те мысли, которые его занимали последнее время, объяснялись в первую очередь причинами физиологического порядка и что, как только он почувствует себя лучше, они сами собой исчезнут. Но этого не случилось. Хотя врачи единодушно говорили ему, что состояние его здоровья не оставляет желать лучшего и единственное, чего ему следует остерегаться, это переутомления сердца; хотя, с другой стороны, некоторые внешние обстоятельства, доставлявшие ему до сих пор много огорчений, перестали существовать — Валентина, вопреки обыкновению, вела себя прилично и ее пребывание в Англии обошлось без единого скандала, Шарпантье умер и одновременно с его смертью отпала эта постоянная угроза шантажа, — несмотря на все это, сенатор Симон упорно возвращался к тем соображениям, которые впервые пришли ему в голову незадолго до его сердечного припадка. В Виши он об этом почти не думал. Но, вернувшись в Париж, он снова каждое утро чувствовал с постоянной тревогой свою физическую незначительность и хрупкость. Он впервые за много лет, выходя из ванны, стал рассматривать свое тело, потому что накануне ему попался иллюстрированный журнал, на обложке которого был изображен «самый красивый атлет мира», голый мужчина с выпуклыми мускулами. Он вспомнил о нем, когда стоял в купальном халате перед зеркалом. Он распахнул его полы, увидел свое собственное тело и сам поразился его физической несостоятельности. Он подумал, что это непоправимо, — и пошел пить кофе. Его мысль все время цеплялась за это слово — непоправимо, — это была отправная точка его рассуждений, и это беспощадное слово было приложимо не только к виду его тела, но и ко всему остальному. Все было непоправимо, потому что обратного движения быть не могло, совершенно так же, как не могло быть чудес. Жизнь была на девять десятых прожита, и нельзя было изменить ни того, что она прожита, ни того, как она была прожита. Думая об этом, он был вынужден констатировать одну несомненную ошибку, допущенную в самом начале. Она заключалась в убеждении, что, достигнув определенных результатов, которые он поставил себе целью, он будет испытывать глубокое удовлетворение. Только теперь он понимал, как ему казалось, что перспектива этого удовлетворения, заставлявшая его совершать некоторые поступки, которых можно было не совершать, была совершенно произвольным предположением и ничему реальному не соответствовала. Что, собственно говоря, давало ему возможность полагать, что это будет именно так, и как можно было в этом быть уверенным?

Он сидел перед остывшим кофе, с небритым желтым лицом и потухшими глазами. Часовая стрелка на огромных стенных часах подходила к половине одиннадцатого, ему давно нужно было быть одетым и ехать по делам. Но не хотелось двигаться. Что он знал за свою жизнь, кроме этого периодического напряжения каждый раз, когда возникал вопрос о более или менее значительной сумме денег, которую ему предстоит получить благодаря той или иной комбинации? Какие-то люди стрелялись из-за неудачной любви, гибли в арктических или тропических экспедициях, перелетали океан, пересекали пустыни, открывали новые законы мира, создавали сложные познавательные теории, и, вероятно, у каждого из них было сознание, что в конце того или иного испытания или в результате длительного труда его ждет награда нравственного удовлетворения. Были другие, огромное большинство людей, которые не совершали в своей жизни ничего героического, но которые бывали то счастливы, то несчастны, и последовательность радостей и огорчений не давала им времени подумать ни о чем ином. Когда они были счастливы, они радовались, когда они были несчастны, они огорчались, и жизнь их была полна... И все это прошло мимо него. Может быть, это было неважно. Но то, ради чего он жил и работал, имело, вероятно, еще меньшую ценность, чем то, ради чего жили все эти разные категории людей.

Он встал, наконец, со своего кресла и пошел бриться. Когда он поднялся, он опять ощутил тупую боль в сердце, ту самую, которая у него бывала до отъезда в Виши. Он остановился и

97

оперся рукой о стол. В этом мучительном и чисто физическом, казалось бы, ощущении непонятным образом было заключено все остальное, все, о чем он так упорно думал последнее время и в чем было сознание непоправимости, не менее несомненное, чем это мускульное сжатие — или расширение — в левой стороне груди.

После возвращения из Виши он стал проводить так почти каждое утро. Необыкновенное количество давно забытых вещей вдруг всплыло в его памяти; но не было ни одного, которое было бы ему приятно. Он вспоминал людей, обращавшихся к нему с просьбами. Каждый раз у них была единственная надежда, только он мог их спасти... его влияние... его авторитет... Он не отказывал лишь тогда, когда знал, что может потом извлечь из этого выгоду. Были совершенно сумасшедшие люди — вроде одного редактора провинциальной газеты, рекомендованного ему его избирательным агентом и который был настолько простодушен, что обратился к нему с просьбой о довольно значительной ссуде. Он тоже говорил, что это его последняя надежда, но в данном случае те же самые слова имели иное значение: получив отказ, он вернулся в провинцию, и на следующий день сенатор Симон узнал о его самоубийстве. Он тогда сказал, что в каждой человеческой жизни неизбежны ошибки. Он теперь понимал, что это не было, собственно говоря, мыслью в точном значении этого слова. Сказать, что ошибки неизбежны в человеческой жизни, или сказать, как он это делал в своих речах, что правильно понятые национальные интересы требуют от нас сознательного отношения к тем проблемам, которые возникают, — это была не мысль, а проявление нежелания или неспособности мыслить. Однако так или почти так он говорил всегда. Но если бы сейчас предложили кому-нибудь из тех людей, его анонимных избирателей, доверие которых по отношению к нему могло, конечно, объясняться только их наивностью, — поменяться с ним, своей судьбой, тот, вероятно, не согласился бы. Может быть, его, сенатора Симона, не нужно было жалеть. Но завидовать ему тоже не стоило.

Мыльный вкус во рту, который его так раздражал, теперь исчез и сменился другим, металлическим привкусом; и как раньше, все, что он ел или пил, пахло мылом, так теперь это отзывалось не то жестью, не то оловом. Но в этом новом ощущении был какой-то трагический оттенок, которого не было раньше. И это тоже объяснялось недостаточным действием печени. Но ему было не с кем говорить о своих недомоганиях. Когда он как-то сказал об этом Валентине, —

она на днях вернулась из Англии, — она посмотрела на него немного удивленными глазами и ответила, что это, вероятно, возраст. Он с раздражением бросил на нее быстрый взгляд: ей было двадцать два года, она была идеально здорова — и что она могла понять в чьих бы то ни было недомоганиях?

Находясь в Англии, она прочла газетную заметку о смерти Шарпантье. Она тотчас же подумала, что теперь у Симона будет одним удобным предлогом меньше для отказа в деньгах, которые ей могли понадобиться. Когда она сказала ему об этом, он возмутился:

— Это, кажется, единственное, что тебя интересует, — сказал он. — Ты не думаешь, что за то, чтобы у тебя было больше денег, этот человек заплатил своей жизнью?

Она пожала плечами.

— Он был шантажист, — сказала она, — это опасная профессия. На что другое он мог рассчитывать в конечном итоге?

— У него была жена и дети.

— Это ничего не меняет и не делает его добродетельнее, чем он был.

— У него был здравый взгляд на вещи, — задумчиво сказал Симон: он вспомнил свои короткие разговоры с Шарпантье о падении авторитета власти, о необходимости другого воспитания молодежи, более строгого, о том, что политика должна была бы руководствоваться в первую очередь принципами христианской морали.

Она ничего не ответила и ушла.

Проходили дни, не принося никакого улучшения. Даже коллеги Симона по сенату, у каждого из которых было достаточно забот о своем собственном здоровье и у которых поэтому не оставалось времени думать о других, даже они заметили, что Симон начал сдавать. Он стал неестественно рассеянным, явно не интересовался окружающим и немного оживлялся только тогда, когда разговор заходил о его самочувствии. Теперь он просиживал целыми часами дома в кресле, совершенно один, сумрачно глядя в противоположную стену и думая, что никакое понимание чего бы то ни было теперь не имеет для него практического значения: слишком поздно, и ничего изменить нельзя.

Он сидел так однажды вечером, в пустой квартире, Валентины не было дома, как всегда, Маргарита давно ушла, кончив свою работу. Было около одиннадцати часов вечера. Он вдруг услышал шум чьих-то шагов. Он обернулся и остался неподвижен.

В двух шагах от него стоял незнакомый, очень молодой человек с худым лицом и неподвижными глазами. В правой руке он держал револьвер.

— Господин сенатор, — сказал он голосом, который, как показалось Симону, звучал неестественно, — я хочу вам сказать только несколько слов.

Он посмотрел на Симона и положил револьвер в карман.

— Вы знаете, что Шарпантье умер. Перед смертью, однако, он поручил мне обратиться к вам и передать, что теперь его место занимаю я.

Но Симон едва слышал его. Железный вкус во рту вдруг необыкновенно усилился, сердце заболело так, что он едва не потерял сознание, и ему было совершенно очевидно сейчас, что все остальное не имеет никакого значения. Но в глазах его не отразилось ничего, они были так же мутны, невыразительны и спокойны.

— Я должен вам сказать... — продолжал Фред. Перед Симоном внезапно возникло очень далекое и тусклое бело-красное пламя. Он понял, что это была смерть. Он сказал:

— Значит, это так!

Это были единственные слова, которые он мог произнести. Затем его тело соскользнуло с кресла, и через секунду он лежал на полу, открыв рот, губы которого стали лиловыми. Фред стоял над его трупом, засунув руки в карманы и глядя на него расширенными глазами. Потом он посмотрел по сторонам и вышел из комнаты на цыпочках. Он ушел тем же путем, что проник в квартиру: дверь кухни, выходившая на черный ход, не была заперта на ключ, потому что Маргарита постоянно забывала это делать — и он это знал.

Его никто не видел и никто не остановил. Он вышел на улицу и шел, глубоко задумавшись, мимо фонарей и деревьев, ничего не видя перед собой, пока не наткнулся на какого-то высокого мужчину, который закричал свирепым голосом:

— Не можете быть внимательнее? болван!

Фред, не понимая, взглянул в его лицо.

— Нечего теперь на меня смотреть, надо было смотреть раньше! — так же свирепо сказал мужчина. — Я вас научу вежливости!

Фред вынул из кармана револьвер и направил его на этого человека. В его глазах стояло то же далекое и задумчивое выражение.

— Это так близко, смерть? — сказал он с вопросительной интонацией.

Он опять увидел перед собой худое старческое тело Симона на полу и его лиловые губы. — Это так легко?

— Умоляю вас... — сказал человек изменившимся голосом.

Фред сунул револьвер в карман и пошел дальше. Была мягкая сентябрьская ночь, дул легкий южный ветер, направо от бульвара темнел Булонский лес, по которому время от времени пробегали широкие световые полосы автомобильных фар, освещавшие деревья, траву и листья.

* * *

Роберт вернулся в Париж вместе с Жаниной двадцать восьмого сентября. Они приехали бы раньше, если бы по дороге Роберт не свернул в сторону и не сделал бы значительного круга; ему непременно хотелось увидеть деревню, где прошло детство Жанины. Они пробыли там целый день. Это был поселок, состоявший из маленьких, чаще всего одноэтажных домов с толстыми деревянными ставнями на окнах, с почерневшей черепицей крыш. Они побывали везде — на кладбище, в церкви, где уже не было прежнего аббата, переведенного в другое место, в поле и в небольшом лесу, который находился недалеко оттуда. Был серый и прохладный день, над землей стоял легкий туман. — Вот дом, в котором я жила, — сказала Жанина, — за домом двор, во дворе колодец, который скрипит, когда начинается ветер. — Она смотрела на это небольшое здание, на эту узкую улицу и думала, какое оно бедное и маленькое и как бесконечно далеко то время, когда она девочкой жила здесь. — Вот отсюда мы выходили с дедушкой, — сказала она, посмотрев Роберту в лицо; в ее глазах было выражение далекой нежности. — Хочешь, я поведу тебя той дорогой, которой мы с ним ходили столько раз? — Да, да, конечно, — сказал он. Они свернули на немощеную сельскую улицу и через несколько минут вышли из деревни. Навстречу им попался обтрепанный старик-горбун, который взглянул на них, пробормотал что-то невнятное и пошел дальше, оборачиваясь время от времени. — Это Жюль, — сказала Жанина, — он самый бедный в деревне. Он всегда был такой, каким ты его видишь, — грязный, оборванный и несчастный. Бабушка мне говорила, что он в молодости хотел жениться на одной из наших девушек, но она отказала ему, и с тех пор он такой печальный. Но, может быть, это просто деревенские россказни.

Они долго шли по неровному полю с вытоптанной травой и

101

редким кустарником, через прохладную осеннюю печаль этого плоского пейзажа. Наконец они дошли до невысокого бугорка; в нескольких шагах от него лежали холодные и влажные рельсы. — Вот тут мы с ним садились и ждали экспресса, — сказала Жанина, не улыбаясь, — и он вынимал свои огромные часы, чтобы посмотреть, через сколько времени покажется поезд. А там, ты видишь, — она показала рукой, — крутой поворот, тот самый, на котором всегда скрежетали колеса.

Она стояла рядом с ним, положив ему руку на плечо. Он повернул голову в ее сторону и увидел, что ее лицо было мокро от слез.

— Не надо плакать, — сказал он. Она кивнула головой.

— Все они ушли, — сказала она, — мама, дедушка, бабушка. Они были простые и бедные люди. И я думаю, что они были бы счастливы, если бы видели меня сейчас здесь, с тобой. Это было бы четыре раза счастье, — наивно сказала она. — Но ты видишь, судьба не хотела быть такой великодушной, из четырех раз она оставила только один. И только потому, что это была слепая случайность. Что было бы теперь со мной, если бы ты проходил по ше 81;.оеш8 на десять минут позже?

— Это было невозможно, — сказал он, улыбаясь. — Я не мог опоздать.

— Ты меня не бросишь, Роберт? Я теперь не могла бы жить без тебя.

Он был взволнован и тронут не столько тем, что она сказала, сколько интонацией ее голоса. И чтобы скрыть это волнение, он ответил совсем не то, что хотел:

— Тот факт, что ты не могла бы без меня жить, не имеет особенного значения, потому что в этом не представляется никакой необходимости.

И он обнял ее с такой силой, что у нее занялось дыхание и она сказала:

— Я согласна на все, только не надо со мной так жестоко обращаться.

Они приехали в Париж вечером, приняли ванну, переоделись и пошли в ресторан обедать. Когда они вернулись, Жанина сказала:

— Ты знаешь, я себя не очень хорошо чувствую. Он посмотрел на нее с удивлением и беспокойством.

— Что с тобой?

— Не знаю, какая-то внутренняя боль.

— Хочешь, я вызову доктора?

— Нет, нет, это пройдет. Мне уже немного лучше.

Но утром, когда Роберт открыл глаза, он увидел ее страдальчески сморщенное и усталое лицо. Она призналась ему, что почти не спала, но не хотела его будить. Он поднялся с кровати и, не одеваясь, в пижаме, позвонил доктору, который обещал приехать через полчаса. Роберт его знал, — это был спокойный пожилой человек с очень живыми глазами и седой головой. Он осмотрел Жанину и сказал:

— Это припадок аппендицита, ее надо немедленно оперировать. Если вы этого не сделаете, через несколько часов может начаться перитонит. Вот вам адрес клиники. Где ваш телефон? Я предупрежу хирурга, это мой друг.

Когда Роберт привез Жанину в клинику, доктор в белом халате, сверкающем от крахмала, сказал профессионально-небрежным голосом:

— Совершенные пустяки... Если бы все операции были такими.

Роберт стоял и смотрел на его руки с необычайно чистыми, толстыми и длинными пальцами. Как только он увидел эти руки, он почувствовал к этому человеку неограниченное доверие. У него было впечатление, что все движения доктора должны были отличаться необыкновенной точностью и, наверное, эти удивительные пальцы занимали именно то место, которое было нужно, и не смещались ни на миллиметр.

— Операция будет часов в двенадцать, — сказал доктор. — Вы можете прийти немного позже. Через несколько дней она вернется домой.

Операция прошла благополучно, и когда Роберт вернулся в клинику, Жанина сказала ему, что чувствует себя прекрасно. Она лежала на узкой кровати, простыни которой отличались, как показалось Роберту, той же особенной белизной, что и халат доктора. Он просидел у нее два часа, потом поехал повидать свою мать, которой он не застал дома. Тогда он поехал на фабрику, к отцу, вместе с ним вернулся в квартиру родителей, где, наконец, увидел Соланж, поужинал там и приехал домой только поздним вечером. За это время он два раза звонил в клинику. Ему неизменно и лаконически отвечали, что Жанина чувствует себя прекрасно.

Он подъезжал к дому с каким-то неприятным чувством, которого никак не мог понять. Жанина, вероятно, в это время спала в своей комнате, и ее состояние теперь не внушало ни малейших опасений, у его родителей все обстояло благополучно. Чем могло быть вызвано тягостное ощущение, которое он испытывал? Он напряженно думал об этом и не находил никакого объяснения.

Но когда он проезжал мимо углового дома, он вдруг заметил в неверном свете фонаря и в течение одной короткой части секунды знакомую линию узких плеч и надетую набок шляпу — и вспомнил о существовании Фреда, который, очевидно, ждал его возвращения.

Он совсем забыл о нем там, в Провансе. Ему казалось, что за это время он узнал столько вещей, что все предшествовавшее этому периоду его жизни отодвинулось очень далеко, даже самые недавние события. Но мир, в котором проходило его существование, стоял — или двигался — сам по себе: Роберт мог быть счастлив или несчастен, беден или богат, здоров или болен, rue St.Denis при всех условиях оставалась такой, какой была раньше, и этого не следовало забывать. И появление перед его глазами этой шляпы и этой линии плеч сразу вернуло его к той действительности, где не было места бесконечным воспоминаниям о Жанине и тщетным попыткам теоретически определить, что такое счастье, — но где была непосредственная угроза всему этому, угроза, которой можно было противопоставить только силу.

Он поставил автомобиль в гараж и поднялся к себе. Он мог, конечно, позвонить по телефону в полицию, но он знал, что он этого не сделает. Он подумал при этом, насколько сильны в нем какие-то вздорные этические предрассудки: он предпочел бы любой риск тому, чтобы его считали трусом. Он пре-красно понимал теоретически, что это бесплодное и ненужное тщеславие. Но он знал в то же время, что этот опасный вздор всегда и во всех обстоятельствах окажется сильнее любого рассуждения, даже самого непогрешимого.

Он обдумывал теперь план действий. У него было преимущество, которого не было в первый раз: он был готов к тому, что Фред может явиться с минуты на минуту. Если он один, то его опять ждет фиаско — при сколько-нибудь удачном для Роберта обороте, который примут события. Но если их хотя бы двое... Он не сомневался, что на этот раз Фред будет себя вести иначе, чем во время первого визита. Он вспомнил его глаза и почувствовал холод в спине. Потом он внимательно осмотрел все — и понял, что исход его неизбежной встречи с Фредом будет зависеть главным образом от одной технической подробности: электрический выключатель, дававший свет в переднюю, находился не с внутренней, а с внешней стороны двери. Если Фред войдет в освещенную комнату, шансы Роберта будут скомпрометированы. Если он войдет в темную комнату, преимущество окажется на стороне Роберта.

Он потушил свет в передней, зажег лампу в следующей комнате и плотно затворил туда дверь. Из темной передней была видна только световая щель непосредственно между полом и дверью второй комнаты, и получалось впечатление, что Роберт находился именно там. Он не запер входную дверь на ключ, придвинул кресло к стене направо от порога, сел и начал ждать. В доме стояла тишина, и он явственно слышал свое собственное дыхание. По мере того как проходило время и это длительное ожидание все больше и больше раздражало его, он начал чувствовать почти что ненависть к этому примитивному и свирепому человеку — каким представлялся ему Фред, — который не учитывал самых простых вещей и с тупой настойчивостью стремился вернуть Жанину, не понимая, что теперь это было слишком поздно. Он думал о нем с презрением и гневом, морща в темноте лицо так, как если бы до него дошло какое-то удушливое зловоние.

Потом внимание его стало притупляться, и он начал думать о другом. Он увидел перед собой неправильный треугольник маленького морского заливчика, прибрежный песок, верхушки сосен над головой и загорелое тело Жанины в купальном костюме, ее влажные волосы и прозрачные капельки воды на ее коже. Затем он вспомнил, как, идя рядом с ней, в мягкой тьме летней ночи, и чувствуя ее руку на своем плече, он силился представить себе, что они расстались, он вернулся домой один, и подумал, что она больше никогда не придет и он никогда не увидит ее глаз. И эта детская игра воображения доставляла ему особенно пронзительное ощущение счастья, потому что он чувствовал прикосновение ее тела к своему правому боку и, когда он опускал глаза вниз, он видел ее ноги в белых туфлях, которые отделялись от дороги одновременно с его сандалиями.

На лестнице раздались шаги поднимающегося человека. У Роберта захватило дыхание. Он встал со своего кресла и замер. Еще через секунду он услышал шорох ключа в замке. Потом последовал тихий скрежет, и дверь отворилась. Темная человеческая фигура остановилась на пороге, слабо освещенная далеким уличным фонарем. Эти знакомые ему очертания — шляпа и плечи — оставались неподвижными короткое время и потом беззвучно двинулись по направлению к двери, из-под которой был виден свет. И тогда Роберт оттолкнулся руками от стены и бросил всю тяжесть своего тела вперед.

Фред не успел понять, что происходит. Ему показалось, что

на него, как в мучительном сне, обрушилась стена. Он упал лицом вниз, и его правая рука, державшая револьвер, оказалась придавленной его собственным телом, и он не мог ее освободить. Левая была вытянута вдоль туловища, ее кисть была захвачена пальцами Роберта и прижата к спине. Потом он ощутил нестерпимую боль в плече и услышал короткий хруст, значения которого он не понял. На секунду он потерял сознание, и когда он пришел в себя, револьвера в его правой руке уже не было, она была так же неумолимо загнута на его спине, как перед этим левая, и опять, словно в кошмаре, повторилась та же невыносимая боль, и снова раздался такой же короткий и страшный хруст. Потом ощущение каменной тяжести на его теле исчезло, но он не мог пошевельнуться. Когда он попытался сделать первое движение, он застонал. Затем над его головой зажегся свет и он увидел свой револьвер, который лежал на полу, в двух шагах от него. Но было совершенно очевидно, что он был бесполезен.

Роберт поднял его — Фред опять застонал — и посадил в кресло. Потом он покачал головой и сказал коротко:

— Ну вот.

— Подожди, придет моя очередь, — неуверенно сказал Фред. Он с удивлением заметил, что, в сущности, даже не испытывает никакой ненависти к Роберту. Он не чувствовал, вместе с тем, страха ни перед Робертом, ни перед чем бы то ни было, что ему могло предстоять: он находился в состоянии спокойного безразличия, которого до сих пор никогда не знал. Было похоже на то, что он следит со стороны за всем, что происходит, и его собственная судьба его интересует только так, как она интересовала бы какогото постороннего и далекого человека.

Роберт отрицательно покачал головой. Затем он сказал голосом, в котором Фред услышал сожаление и насмешку:

— Вот твой револьвер. Чего ты ждешь, чтобы им воспользоваться?

Фред, не отвечая, смотрел перед собой мутными глазами. И как это неоднократно бывало с ним в последнее время, перед ним на секунду возникло желтое и худое лицо Лазариса. Потом оно расплылось и исчезло. Он собрал свои силы и произнес:

— Мне так больно, что мне трудно говорить. Что ты сейчас со мной сделаешь? Роберт пожал плечами.

— А ты на что, собственно, рассчитывал?

— Я рассчитывал с этим покончить, — сказал Фред.

— Я полагаю, что это тебе удалось. Сейчас я позвоню в

полицию — как в первый раз, когда ты пришел. Я не могу поступить иначе. Но я тебя предупреждаю, что, если ты еще раз что-нибудь попробуешь, ты живым не уйдешь. Сегодня я тебя пожалел.

Фред бледно улыбнулся, несмотря на страшную боль.

— Я никогда ничего не боюсь.

— Это неважно, — ответил Роберт рассеянно. — Сегодня, вероятно, ты тоже не боялся.

— Что ты со мной сделал? — спросил Фред, и Роберту показалось, что в его голосе прозвучало нечто вроде упрека. — Я не могу пошевелить ни правой, ни левой рукой. Я останусь калекой?

Роберт подумал, что если бы события шли иначе, — другими словами, если бы свет в передней зажигался только изнутри, — то, вероятно, ничего похожего на этот разговор не могло бы быть. Он сказал:

— Нет, ты не останешься калекой. У тебя вывихнуты плечи.

— С тобой опасно иметь дело, — сказал Фред. — Я понимаю: ты не способен нападать, но ты еще можешь защищаться.

— Да, да, — сказал Роберт, думая о другом. Он вышел из комнаты, прошел в свой кабинет и вызвал по телефону полицейский комиссариат. Недоверчивый голос инспектора спросил:

— Как? Опять он?

— Да.

— Это называется последовательный человек, — сказал инспектор. — Через несколько минут мы избавим вас от его присутствия. И вам опять удалось стать хозяином положения? Невероятно, невероятно. Но очевидность, конечно, сильнее всего.

Когда Роберт вернулся в переднюю, он увидел, что Фред сидел на полу, в неловком положении, вытянув перед собой ноги и положив на них локти. Рядом с ним лежал револьвер. Он посмотрел на Роберта, лицо его сморщилось, и он сказал:

— Я даже не мог его взять. Через несколько минут явились полицейские. Инспектор взглянул на Фреда и заметил:

— На этот раз он в другом виде.

— Да, но не в лучшем, чем тогда, — сказал Роберт. — У него вывихнуты оба плеча.

Полицейские переглянулись между собой. Потом один из них подобрал револьвер, и Фреда увели. Когда захлопнулась входная дверь, Роберт сел в кресло, закрыл глаза и опять вспомнил с удивительной отчетливостью, как они шли с

107

Жаниной сквозь эту летнюю ночь, на юге, и как ее рука лежала на его плече.

Когда потом Фред вспоминал тюрьму и все, что ей предшествовало, ему неизменно казалось, что это было бесконечно давно. Он помнил, однако, отчетливо каждую подробность. И когда он теперь думал об этом, ему было ясно то, о чем он до сих пор не догадывался. Самое главное произошло до второй встречи с Робертом, это было значительно раньше. Это случилось тогда, когда он впервые понял, что мир, даже для него, Фреда, не ограничивается тем, в чем до этого времени проходила его жизнь. Он видел опять перед собой две темные линии домов, между которыми открывалось небо, тротуары, мостовую, фонари, гостиницу и огромные красные цветы на обоях комнат: rue St.Denis. о том, что существовало нечто другое, знал Лазарис, который был первым человеком, давшим ему понять это. Да, потом эти двое незнакомых людей на террасе кафе, говорившие об истории европейской культуры, потом Жерар и Валентина Симон. Но тогда он еще не понимал как следует, что значило предупреждение Лазариса и почему он, Фред, должен был всегда и неизменно ограничивать свое существование только тем, что происходило в каменном прямоугольнике rue St.Denis. Он дорого заплатил за попытку ворваться силой туда, где законы его среды были неприменимы. Долгими днями в тюрьме он все возвращался к мысли о своем безвозвратном поражении и о том, что за ним последовало. Именно тогда он вдруг понял, что его больше не существует, Фреда — такого, каким он был до сих пор. В тюремной больнице ему вправили плечи, и через короткое время он был совершенно здоров. Но это был уже не он. До последнего времени он всегда знал, как следует поступать и что следует делать. Теперь перед ним была пустота. Одно было ясно: rue St.Denis больше не будет. Он перестал понимать, зачем нужно было жить так, как он жил всегда, и что это ему давало. Раньше он никогда не ставил себе этого вопроса, и оттого, что он себе его не ставил, все было просто и ясно. Но даже тогда по временам он смутно чувствовал, что в этом не хватает чегото, чего он не знал и что знали некоторые другие, чуждые ему люди. Затем на него обрушилась эта последовательность неудач — Жанина, Роберт, потом Шарпантье, потом эта мгновенная смерть Симона и то, что он, Фред, стоял тогда, глядя на его грудь, и вдруг понял, что сенатору Симону больше не страшны ни шантаж, ни револьвер, ни угроза, ни вообще что бы то ни было; и то, что Фред продолжал еще некоторое время стоять над ним, только подчеркивало, казалось, с неумолимой насмешливостью всю трагическую беспредметность его поведения. Это он понимал уже тогда. Но все другое осталось бы для него, может быть, таким же смутным и неясным, каким было раньше, если бы не тюрьма и появление в его жизни этого удивительного человека, которого звали Рожэ. о Рожэ ему восторженно говорил в тюрьме юноша с розовым лицом, который попал туда по недоразумению, вскоре выяснившемуся, и который успел сказать Фреду, что Рожэ больше всего занимается малолетними преступниками, но вообще все знает и все может сделать. Он дал Фреду адрес Рожэ и сказал, когда его можно застать.

Фред вспомнил о нем, когда его выпустили из тюрьмы и за ним затворились тяжелые ворота. Было холодное зимнее утро, мостовые блестели от мерзлой влажности, длинная узкая улица, на которую выходила тюрьма, была пустынна. Фред мог отправиться к себе и опять найти Дуду, Жинетту и Ренэ. Но он даже не подумал об этом. Он пошел по тому адресу, который ему дал молодой человек с розовым лицом. С улицы был вход на широкий двор; во дворе слева была прачечная, справа двухэтажный дом с большими окнами, через которые были видны столы, пишущие машинки и многочисленные девушки, которые на них что-то печатали. Несколько дальше он, наконец, увидел дверь с надписью: «консьерж». Он постучал туда и спросил полную сорокалетнюю женщину с красными руками, где он может найти Мг. Рожэ.

— Направо, в глубине двора, второй этаж, первая дверь налево, — сказала она.

Он дошел до этой двери и постучал. — Войдите, — сказал низкий cnknq. Он вошел и увидел человека небольшого роста, лет тридцати пяти, с растрепанной головой и живыми синими глазами. Он не сказал, как Фред этого ожидал, «кто вы такой?», или «что вам нужно?», или «в чем дело?». Он посмотрел на Фреда и произнес с вопросительной интонацией:

— Ну?

И первый раз в жизни Фред осекся. В человеке, который сидел перед ним, было что-то странное, чего он не мог определить и что делало его непохожим на других. Может быть, это была интонация его голоса, может быть, выражение его глаз. Во всяком случае, Фред твердо знал, что он никогда до тех пор не видал никого, с кем мог бы его сравнить.

— Ну? — повторил он, взглянув на Фреда с выражением веселого удивления.

— Меня зовут Франсис, — сказал Фред, — но все называют

меня Фред. Я только что вышел из тюрьмы. Я пришел к вам потому, что мне говорил о вас Андрэ Дюбар.

— А, — сказал Рожэ. — Андрэ? Да, да. Ну, хорошо. За что ты попал в тюрьму? недоразумение?

— Нет, — ответил Фред, — за дело. Я принадлежу к уголовному миру.

Синие глаза Рожэ пристально смотрели в его лицо.

— Откуда ты это знаешь?

— Это ясно.

Рожэ отрицательно покачал головой.

— Это редко бывает ясно, — сказал он. — Тебе может так казаться, ты можешь в этом быть уверен, но это еще не значит, что это именно так. А потом, я лично думаю, что принадлежность к уголовному миру не есть нечто абсолютно неизменное и постоянное. Сегодня это так, завтра может стать иначе — и наоборот. Ты со мной не согласен?

— Не знаю, — медленно сказал Фред.

— Хорошо, мы еще об этом поговорим. Почему ты пришел ко мне?

— Не знаю, — опять сказал Фред, — Андрэ мне говорил о вас. Он мне говорил, что вам все можно сказать, что вы все знаете и все можете объяснить.

Рожэ улыбнулся, обнажив белые плотные зубы.

— Что же тебе хотелось бы знать? Андрэ ошибся: я знаю очень немного. Но я всегда стараюсь понять, хотя это мне не каждый раз удается. Сказать ты можешь все.

— Это я вижу, — ответил Фред. — Я не вчера родился.

У Рожэ была очень широкая и откровенная улыбка.

— Ты и в этом уверен? Ну, рассказывай. До сих пор Фреду не приходилось никому ничего рассказывать — кроме того дня, когда у него было свидание с Валентиной, в кафе на Елисейских полях. То, что ему нужно было говорить, сводилось всегда к нескольким коротким фразам: «Дэдэ сволочь», «Ренэ стерва», «Жерар опасный тип», «Лазарис вор», «Дуду дурак», «Я иду завтракать», «Скажи ему, что, если он придет, я ему набью морду». Кроме того, он, к своему удивлению, терялся перед Рожэ, хотя в то же время чувствовал к нему полное доверие. Видя, что он испытывает затруднение, Рожэ сказал:

— Ну хорошо, я постараюсь тебе помочь. Ты говоришь, что тебя зовут Франсис, но все называют тебя Фредом. Почему?

— Это меня так назвала одна женщина, когда я пришел в Париж после исправительного дома. Она потом умерла.

— От чего?

— Ее задушили.

Лицо Рожэ стало мрачным.

— Кто?

— Клиент.

— Да, я понимаю.

В комнате, где сидел Рожэ, было тепло и светло. За окном было влажное и холодное утро. Через высокое стекло окна был виден двор и растущее посередине двора дерево с обнаженными ветвями.

— Что было дальше?

Фред начал рассказывать. Он искал слова и часто останавливался. Рожэ не прерывал его. Фреду казалось, что он сам впервые видит, как проходила его жизнь и как постепенно опять встают эти ненавистные воспоминания: далекая и мрачная нищета его детства и вялая вонь мусорных ящиков, в которых он рылся, отыскивая себе пропитание, тупое и свирепое лицо калеки, высокий и всегда пьяный голос его матери, потом все остальное, вплоть до прихода в Париж и встречи на набережной, первая в его жизни комната гостиницы, влажно-теплая двуспальная кровать, веера фотографий на стене. Он рассказал об этом, опустив голову. Потом он поднял ее и посмотрел на Рожэ: у Рожэ было сосредоточенное и печальное лицо.

— Вам не надоело слушать? — спросил Фред.

— Нет, нет, — ответил Рожэ. — Но это действительно грустно. Не повезло тебе. Продолжай.

Когда Фред дошел до того места, где речь должна была идти о визите к Лазарису, он остановился, подумал и потом сказал:

— Это мне особенно трудно рассказывать, я не знаю, как это сделать.

— Делай как умеешь, говори, как до сих пор. Главное — это искренность, все остальное менее важно.

Фред хотел, чтобы Рожэ понял самое главное — что с того дня, когда у него был разговор с Лазарисом, в его жизни начались изменения, которые, в конце концов, привели его сюда. Он подробно описал Лазариса и его улыбку, от которой всем становилось не по себе, хотя в ней не было ничего страшного.

Стенные часы показывали четверть первого. Рожэ сказал:

— Мне начинает хотеться есть, пора идти завтракать. Идем со мной, тут рядом есть небольшой ресторан.

— У меня нет денег.

Рожэ пожал плечами и сказал, что это неважно.

111

— Гораздо хуже, что у тебя, я вижу, нет пальто.

— У меня есть и пальто, и деньги, — сказал Фред. — Мне только надо сходить за ними на rue St.Denis.

Рожэ сделал гримасу.

— Не стоит, — сказал он. — Знаешь, говорят, деньги не пахнут. По-моему, это неверно: есть деньги, к которым неприятно прикоснуться. Деньги, это вообще неинтересная, по-моему, вещь. Твои деньги с rue St.Denis...

— Мне теперь все равно, — сказал Фред, — я просто так сказал.

— Не стоит, — повторил Рожэ. — Идем завтракать.

Сидя в ресторане, за маленьким столом, Фред задумался на минуту, и все вдруг показалось ему неправдоподобным — этот столик, лицо Рожэ против него и он сам, неузнаваемый Фред. Ощущение тревожной пустоты, которое он так часто испытывал в последнее время, вернулось к нему с новой силой.

— Тут, между прочим, прекрасный bëuf bourguignon,[9] — сказал Рожэ. — Я бы на твоем месте попробовал.

Фред все больше убеждался в том, что Рожэ был действительно ни на кого не похож. Теперь Фреду стала казаться удивительной та свобода, с которой Рожэ себя держал. Он тоже ничего, по-видимому, не боялся, и у него было то же отсутствие страха, которое Фред заметил у Валентины. Но оно, вероятно, имело другие основания. Наверное, этому человеку было нечего скрывать, и, наверное, он ни к кому не питал враждебных намерений. И Фред, который провел всю свою жизнь, в сущности, настороже, сейчас внезапно понял, что есть обстоятельства, когда это совершенно не нужно.

После завтрака они вернулись в кабинет Рожэ, и Фред продолжал говорить. Он рассказал о Жанине, Роберте, Дуду, Шарпантье, Валентине и сенаторе Симоне. Лицо Рожэ было внимательно и серьезно. Когда он кончил свой рассказ, Рожэ молчал несколько минут. Потом он сказал:

— Одним словом, тебя больше не существует. Человек, который жил на rue St.Denis и которого звали Фредом, умер. Que Dieu ait pitié de son áme.[10]

Потом он опять замолчал, и когда он снова поднял голову, Фреда поразило восторженное выражение его синих глаз. Не глядя на него, Рожэ сказал:

---

[9] Мясо по-бургундски (фр.).
[10] Да сжалится Господь над его душой (фр.).

— Это похоже на то, как если бы ты возникал из небытия. Но теперь надо жить.

* * *

Андрэ Бертье не говорил с сыном о самых недавних событиях и не сказал ему, в частности, что не мог себе простить своей непредусмотрительности. Предотвратить вторичное появление Фреда на rue Poussin было бы так же несложно, как проследить за Жаниной. Он не подумал об этом, и в течение некоторого времени эта мысль не давала ему покоя. Но одновременно с этим он испытывал удовлетворение оттого, что Роберт оказался оба раза на высоте положения. Говоря об этом со своей женой, он сказал, не сдерживая довольной улыбки:

— Ты могла бы подумать, Соланж, что наш сын, который провел всю жизнь над книгами, вдруг оказался бы способен на такие вещи?

Как все вопросы, не связанные с тем, что ее непосредственно интересовало, вопрос о поведении Роберта, особенно теперь, после того, как опасность миновала, — казался ей второстепенным. Но кроме этого, то, что сделал Роберт, ей вообще не представлялось с его стороны удивительным или неожиданным.

— Ничего странного в этом нет, — сказала она. — Он всегда занимался этим своим глупейшим спортом. Это, впрочем, рано или поздно скажется на нем, дай Бог, чтобы у него не было сердечной болезни. А то, что он так себя вел, это естественно. Он твой сын, Андрэ, ты всегда отличался внутренней грубостью. У него она тоже есть, как видишь, это наследственность.

— Соланж! — сказал он, и впервые за много лет она услышала в его голосе интонацию упрека. — Ты меня обвиняешь во внутренней грубости? Ты хочешь сказать, что тебе пришлось страдать из-за этого?

— Нет, Андрэ, ты не так меня понял. Я не упрекаю тебя в проявлении этой грубости. Тебе всегда удавалось ее побеждать, и ты ни разу в жизни не был груб по отношению ко мне. Но это было результатом твоей борьбы с самим собой. Вся твоя жизнь прошла в ежедневной борьбе, поэтому ты так сохранился, ты видишь. Ты старше меня, но у тебя железное здоровье и ты не знаешь никаких недомоганий, в то время как я...

Он смотрел на нее с сумрачной нежностью, не отвечая ей и думая о том, что вся его жизнь связана с этой женщиной. Он

113

помнил, что в самые тяжелые дни, во времена их молодости, она неизменно делила с ним все и не боялась никаких испытаний. Она всегда была рядом с ним, и он знал, что во всех обстоятельствах он может рассчитывать на нее до конца. Это все давно прошло, и теперь ему была не нужна ее поддержка. Но ему иногда хотелось, чтобы воспоминание об этом заставило ее задуматься над тем, что значило для него ее участие в его жизни. Потом он вздохнул и подумал, что она слишком поглощена своим собственным вздорным существованием, которое она себе придумала и которое не оставляло места ни для чего другого.

Потом разговор коснулся смерти Симона. Соланж сказала:

— Для меня в этом не было ничего неожиданного. Я это знала давно; как только я его увидела, я поняла, в чем дело. Когда он обедал с нами, ты, конечно, не заметил выражения его глаз? Нет.

— Конечно, здоровые люди ничего не замечают. А для меня это было очевидно. Это было написано на его лице.

— Ты хочешь сказать, это было внешне очевидно?

— Боже мой, конечно, — сказала она. — Ты помнишь напряженное выражение его глаз? Что это значит?

— Не знаю. По-моему, выражение как выражение.

— Нет, милый мой, оно было напряженное. Но это не вызывалось умственным усилием.

— Да, тут я с тобой согласен.

— Это был результат повышенного давления. А повышенное давление в этом возрасте значит, мой дорогой Андрэ, что этого человека ждет смерть от апоплексического удара.

Он кивнул головой — полупочтительно-полунасмешливо — и вышел из комнаты.

Его интересовала судьба Фреда. Он не предполагал, что, выйдя из тюрьмы, Фред опять попытается силой вернуть Жанину и, стало быть, Роберту снова будет угрожать опасность. Такая настойчивость была маловероятна. Но он все-таки хотел знать, что происходит. Он вызвал по телефону человека, стоявшего во главе того частного сыскного агентства, которое прислало ему мужчину в плаще, следившего за Жаниной. Это был плотный пожилой человек, говоривший короткими фразами. Бертье объяснил ему, в чем дело, и сказал, что хотел бы знать, где Фред и что он делает.

— Понимаю, — сказал директор агентства.

— Если вы в ближайшее время дадите мне знать...

— Я буду держать вас в курсе дела. На следующий день он позвонил Бертье.

— Он вышел из тюрьмы неделю тому назад. Завтра или послезавтра я пришлю вам человека, который вам подробно расскажет обо всем.

Но человек явился только через три дня. Это был все тот же мужчина; вместо плаща на нем было теперь пальто, но шляпа и галстук остались те же.

— Здравствуйте, — сказал Бертье, — что вам удалось узнать?

— Очень странную вещь, Мг.Бертье, — ответил он. — Я имею в виду тот факт, что Фред исчез.

— Исчез?

— Именно.

— Что же с ним могло случиться?

— Мы теряемся в догадках, Мг.Бертье. Он сказал это своим обычным невыразительным тоном, и эта фраза прозвучала так, как если бы она значила нечто другое — «мы обычно завтракаем в ресторане» или «мы часто ходим пешком».

— Как же вы это выяснили?

Он подробно рассказал Бертье о результате своих поисков. Установив, что Фред был выпущен из тюрьмы неделю тому назад, он отправился в дансинг «Золотая звезда» и обратился к Жерару. Жерар сказал, что не видал Фреда очень давно, и вызвал Жинетту. Жинетта, явно растерянная, объяснила ему, что и она, и Ренэ, и Дуду с нетерпением ждали возвращения Фреда, но что он до сих пор не появился.

— Может быть, он переменил район? Но Жинетта полагала, что этого не могло быть; кроме того, если бы это произошло, об этом стало бы известно.

— Но куда же он делся?

Она пожала плечами.

Тогда агент частного агентства пошел к Лазарису. Но и Лазарис не мог ему дать никаких сведений. В противоположность всем остальным он, однако, не был удивлен бесследным исчезновением Фреда.

— Я должен вам сказать, что Фред был не совсем похож на своих коллег. Вы понимаете?

— Не похож в каком смысле?

— Это трудно объяснить в двух словах. Я считаю этого человека способным на все — бегство, убийство или даже самоубийство. В нем было что-то странное, я его всегда остерегался. Не в том смысле, что он представлял какую-либо опасность, а в том, что он был способен совершить неожиданный поступок. А кроме того, вы знаете, человеческая жизнь такая хрупкая вещь...

Но философские соображения были чужды частному агенту и выслушивать их не входило в его профессиональные обязанности. Он навел справки еще в нескольких барах, где хорошо знали Фреда, но результат был тот же самый: Фред пропал, и никто не знал, что с ним случилось.

В этом было нечто действительно странное, чего никто из знавших его не мог понять. У Фреда не было денег, не было даже зимнего пальто, которое продолжало висеть в его комнате, не было друзей, и он не мог, казалось, не вернуться туда, где жил до сих пор, — потому что вне этого ограниченного мира для него не оставалось ничего, кроме пустоты и неизвестности.

* * *

Фред шел из лесу домой, по знакомой дороге, в темноте, неся на спине дрова, туго стянутые веревкой. Дул холодный ветер; плотный снег лежал уже несколько дней, термометр все время не поднимался выше нуля. В темном зимнем небе блестели звезды. Он дошел, наконец, до незапертых ворот и оглянулся. Вокруг густо стояли деревья, чуть поскрипывающие от ветра. Была особенная тишина, к которой он долго не мог привыкнуть и которая так существенно отличалась от тишины городской. Городская была временным и случайным прекращением шума; в лесной каждый звук приобретал особенное значение. Но звуков почти не бывало — только холод, деревья и снег. Ближайшее село было в двух километрах, ближайший городок — в восьми. Он толкнул плечом ворота и вошел во двор; в глубине стоял маленький деревянный дом, в котором он жил, направо — другой, побольше, налево — крытый сарай, где была столярная мастерская и на стене были аккуратно развешены самые разные инструменты. В левом углу сарая находился огромный дубовый стол с прорезью, в которой вращался зубчатый диск пилы, приводимой в движение небольшим мотором. За постройками, окружая двор, шла низкая кирпичная стена, над которой склонялись ветви деревьев. Фред свалил дрова в сарае и пошел к себе. Был восьмой час вечера, и Рожэ должен был приехать с минуты на минуту. Фред накрыл небольшой стол, поставил два прибора и стал ждать. В домике было тепло от огромной печи. Через квадратный кусок слюды на ее дверце был виден темно-красный отблеск пламени.

Он жил здесь совершенно один уже третий месяц. После того как он вышел из тюрьмы и провел несколько дней в Париже, в маленькой комнате гостиницы, которую ему снял Рожэ, он приехал вместе с ним сюда. До этого Рожэ все звонил по телефону, уходил, вел какие-то переговоры и, наконец, сказал Фреду, что все устроено.

— Я тебе нашел место, — сказал он. — Это не здесь, а в девяноста километрах от Парижа, в лесу, брат, замечательная вещь! Ты увидишь.

— Что я там буду делать? — спросил Фред. — Я почти ничего не умею, вы знаете.

— Ты будешь сторожить дом, — сказал Рожэ. — Это маленькое имение одного моего старого приятеля, который там очень редко бывает. До сих пор за домом присматривала местная крестьянка, но она уходит. Я ему предложил взять тебя. Ты будешь сторожить, значит, дом, топить печи, рубить дрова, и больше ничего. Он тебе будет платить небольшое жалованье. Пищу ты будешь покупать в деревне, в двух километрах оттуда, и в конце каждого месяца он будет платить в лавочку. Понимаешь?

— Понимаю, — ответил Фред. — И там никого не будет, кроме меня?

— Никого. Но там, в доме, очень хорошая библиотека. Ты знаешь, откровенно говоря, я тебе завидую. Я бы хотел быть на твоем месте. Завтра с утра мы туда поедем, и я тебе все покажу. А я буду приезжать к тебе каждую субботу и оставаться до понедельника.

Фреду казалось совершенно естественным, что он действительно должен поехать туда и жить теперь там, так как Рожэ находил это необходимым. Он питал к Рожэ необыкновенное доверие. Он смутно понимал, что в жизни, которая ему предстояла и о которой он не имел никакого представления, потому что в ней не было ни одного из элементов, составлявших его существование до сих пор, — что в этой новой области Рожэ, конечно, знал все гораздо лучше, чем он. Ему казалось, что с недавнего времени началось какое-то движение, в котором ему, Фреду, предстояла важная роль, — движение, возникшее потому, что существовал Рожэ, и потому, что Рожэ участвовал в нем наравне с Фредом. И он впервые за свою жизнь подумал, что обмануть этого человека нельзя и что он этого не сделает ни при каких условиях.

Он сидел перед печкой, вытянув ноги и наслаждаясь

теплом. Он вспоминал сейчас первый день своих разговоров с Рожэ, когда они вернулись из маленького ресторана и Рожэ предложил Фреду кресло, а в другое сел сам. Одно было бархатное, другое кожаное, и оба были порваны. Рожэ сказал:

— Видишь ли, Франсис, — он сразу же начал называть его настоящим его именем, — видишь ли, старик, дело представляется так: если ты ни о чем не думаешь, все просто. Когда ты начинаешь размышлять, ты убеждаешься, что очень простых вещей мало. Другими словами, что-нибудь тебе кажется ясным как день. Но если ты как следует подумаешь, почему это так, ты видишь, что этому предшествовало множество всякой всячины. И чтобы понять эту простую вещь, надо знать и понимать эту всякую всячину. Понимаешь?

Фред кивнул головой.

— Тебя поразило в кафе то, что говорили эти люди об истории культуры, настолько поразило, что ты даже запомнил слова, которые они произносили, и имена, которые они приводили. Тебе показалось удивительным, что они говорят о вещах, о которых ты не имеешь представления. Так?

— Да.

— Никакого чуда тут нет, однако, — сказал Рожэ. — Эти люди такие же, как мы с тобой, — может быть, скажем, другого роста или другого вида, но это неважно.

— Мы с вами разные, — сказал Фред. — Вы — это одно, я — другое.

— Конечно, — ответил Рожэ, — двух одинаковых людей в мире не бывает. Но некоторые вещи, которые понимает один, может понять и другой. Не всегда и не непременно, но часто может. А самое главное, это знать, для чего ты живешь, понимаешь?

— Я никогда об этом не думал, — сказал Фред. — Я только думал — почему одни могут, а другие не могут. Я не умею говорить, мне трудно объяснить это.

— Почему одни могут говорить о культуре, а другие нет?

— И это тоже.

— Это сравнительно просто, — сказал Рожэ. — Если бы ты получил такое же образование, как эти люди, ты мог бы говорить, как они. Но ты недоумевал, почему такие вещи могут их интересовать?

— Да.

— Для этого есть много причин, мы позже поговорим с тобой об этом обстоятельнее. Одна из них, которая сейчас тебе будет наиболее понятной, это та, что у них меньше матерьяльных забот, чем у других, и больше свободного времени.

— И эти люди знают, зачем они живут?

— Вероятно, знают или думают, что знают.

— А зачем вообще люди живут? Роже улыбнулся.

— Это не так просто. Все, однако, живут для чего-то. Если ты отнимешь у человека какую-то цель, которую он преследует, его существование делается ненужным. Но есть цели, которые стоят того, чтобы их добиваться, и есть цели, которым грош цена. Понимаешь?

— А как узнать, какая цель важная и какая неважная?

— На это, милый мой, Бог тебе дал две вещи: совесть и разум.

— Я однажды слышал проповедника из Армии Спасения, — сказал Фред. — Он тоже говорил о совести.

— И тебе было смешно?

— Нет, мне никогда не бывает смешно. Мне было скучно.

Рожэ покачал головой и спросил:

— Вот эти самые люди из Армии Спасения — ты думаешь, они глупее нас с тобой?

Он редко говорил «я», чаще всего «мы» и «мы с тобой». Но это получалось у него естественно и просто, и казалось очевидно, что он действительно не делал разницы между собой и Фредом.

— Не знаю, — сказал Фред.

— А ты об этом подумай. Тебе вообще о многом надо подумать. Я понимаю, что это трудно, но я постараюсь тебе помочь. Мы с тобой будем работать вдвоем. И я считаю, что мы не хуже других и то, что другие могут понять, мы тоже можем. Не так ли?

— Я постараюсь, — сказал Фред. — Мне это очень нужно.

Но в течение нескольких дней Рожэ был занят. Затем, когда он приехал сюда, в это маленькое именье, которое так плотно обступил со всех сторон лес, он показывал Фреду, как действует пила, где нужно рубить дрова, где лежат инструменты и как ими пользоваться, как и на чем точить топор и много другого, о чем Фред до сих пор не имел никакого представления. Потом, в воскресенье вечером, он уехал в Париж на том же маленьком старом автомобильчике, на котором привез Фреда. Фред вышел его провожать и доехал с ним до большой дороги. Там они расстались, и Рожэ сказал, что приедет в следующую субботу. Фред один пошел обратно. Он шел в холодной тьме, смутно различая стволы деревьев и стараясь не уклониться в сторону от узкой дороги с замерзшими кочками твердой глиняной земли. Он шагал, глубоко задумавшись, и ему казалось, что за этим ледяным мраком, который отделял его сейчас от всего, что предшествовало его приезду сюда, есть что-то новое, чего он не знал и что, вероятно, было лучшим, чем его прежняя жизнь. Но он ни разу не подумал, что он совершенно свободен и ничто не мешает ему вернуться на гие 81.оеш8. Он не подумал об этом потому, что это не соответствовало бы действительности, и потому, что он потерял свою свободу окончательно в тот день, когда он пришел к Рожэ.

С этого дня прошло около трех месяцев. И когда он вспоминал это, ему начинало казаться удивительным, что он тогда мог не понимать некоторых очевиднейших вещей, которые понимал теперь. Рожэ подолгу с ним разговаривал, приезжая каждую субботу и оставаясь до понедельника. У Фреда было впечатление, что этот человек знает все и может ответить на любой вопрос, чего бы он ни касался. Он однажды спросил его:

— Откуда вы все это знаете?

— Что? — удивился Рожэ.

— Все, что вы мне объясняете.

Рожэ махнул рукой и ответил, что это пустяки, это неважно и то, что знает он, знает каждый средний человек. Он никогда не учил Фреда, он быстро объяснял ему в разговоре, что это так, а это иначе, не задерживаясь подолгу ни на чем и не стараясь как будто бы заставить Фреда непременно думать так же, как он сам. Во время первого же своего приезда он повел его в тот дом, где жил хозяин именья, — когда он там бывал, — и показал ему библиотеку, которая занимала всю стену. Он сказал:

— У тебя много свободного времени, я бы на твоем месте занялся чтением. Тут есть интересные вещи.

Фред до тех пор никогда не читал книг, — не потому, что он полагал, что это потеря времени, а оттого, что это не приходило ему в голову и никто из тех, среди кого проходила его жизнь, тоже никогда не читал, кроме этой несчастной Одетт. Ни его мать, ни калека, ни его товарищи, ни Дуду — никто не читал книг, и этот вопрос совершенно естественно даже не возникал. Он знал грамоту, его научили этому в школе, где он пробыл очень недолго и куда его посылала мать, чтобы он не надоедал ей дома. Но его скоро взяли оттуда.

И когда он захватил из библиотеки несколько томов, которые ему указал Рожэ, и начал читать вечером, сидя перед печкой, у него появилось необыкновенное ощущение, которого он до сих пор не мог бы себе представить. Ему было трудно изложить это своими словами. Но когда через неделю приехал Рожэ, Фред ему сказал:

— Я не мог даже подумать, что есть такие вещи. Mr.Рожэ, я все понимаю. И я понимаю, как живут другие люди, о которых это написано. Но это все правда? Это так и было?

— Было — или могло быть, — сказал Рожэ.

— И вы все это читали?

— Да-да, — сказал Рожэ. — Вот ты увидишь, что будет дальше. Ты поймешь много вещей, о которых ты до сих пор не думал. Я очень доволен. Ты сдвинулся с места, и теперь я надеюсь, что ты не остановишься.

Свое свободное время Фред посвящал исключительно чтению, и с каждым днем он все явственнее ощущал то, о чем ему было бы трудно рассказать, но в чем была одна очевидная истина: как бы ни сложилась в дальнейшем его жизнь, она никогда и ничем не будет похожа на ту, какую он вел до встречи с Рожэ. В том, прежнем существовании для него не оставалось места.

Он ждал теперь Рожэ с особенным нетерпением. Уезжая в прошлый понедельник, он сказал ему:

— В следующий раз, когда я приеду, мы, может быть, поговорим с тобой об очень важных вещах. Некоторое время тому назад это было бы трудно. Теперь, я думаю, это возможно.

В вечерней морозной тишине Фред услышал, наконец, треск шин по мерзлой земле и шум автомобильного мотора. Он вышел из дома и распахнул ворота. Рожэ въехал во двор и поставил машину возле сарая.

— Вы немного опоздали сегодня, — сказал Фред.

— То, что я опоздал, это неудивительно, — ответил Рожэ со своей широкой улыбкой. — Гораздо удивительней то, что я все-таки доехал. Эта проклятая машина, которая портится каждые десять километров... Я надеюсь, ты позаботился об ужине? Я умираю с голода.

После ужина он сел в кресло и, глядя своими живыми глазами на Фреда, спросил:

— Ну, как тебе живется? Не скучаешь?

— Вы обещали, что сегодня вы будете говорить о важных вещах.

— Да-да, я не забыл. Пойдем в библиотеку, там как-то удобней.

В библиотеке он сел, но тотчас же встал со своего места и начал ходить взад и вперед, вдоль стены, заставленной книжными полками. В слабом освещении комнаты — горела только небольшая лампа на столе — Фреду показалось, что у

Рожэ было особенное выражение, которого он у него еще не замечал никогда. Он решил, что, вероятно, Рожэ действительно думает об очень важных вещах. Рожэ долго ходил из одного конца комнаты в другой и молчал. Потом он остановился и спросил:

— Ты заметил, что ты изменился за последнее время?

— Да.

— Что именно с тобой произошло?

— Мне это трудно сказать. Я думаю, что понимаю некоторые вещи, которых раньше не понимал.

Рожэ пристально смотрел на него. В полутьме его лицо казалось белее, чем обычно.

— Я постараюсь тебе сказать, в чем дело, хотя это мне не легче, чем тебе. Если бы тебя спросили, зачем ты живешь на свете, что бы ты ответил?

— Я бы сказал, что я не знаю.

— Хорошо. Если бы об этом тебя спросили полгода тому назад — или теперь: какая была бы разница?

— Очень большая, — сказал Фред. — Я бы не знал, что ответить и тогда, и сейчас. Но это совершенно разные вещи.

В комнате стояла тишина. Звучный голос Рожэ сказал:

— Ты этого не знал бы ни тогда, ни теперь. Но это верно — ты не знал бы по-разному. Когда мне было столько лет, сколько тебе, я тоже задавал себе этот вопрос и тоже не умел на него ответить. Но теперь я знаю.

Фред смотрел на него с напряженным вниманием.

— Вот я родился столько-то лет тому назад и проживу какое-то время, сколько — никто не знает, и потом я умру, — сказал Рожэ. — И то же самое произойдет с тобой. Мой труп будет лежать в земле, и от всего, что я знал и любил в этой жизни, не останется ничего. Так я думал тогда, и мне казалось, что в этом есть что-то неправильное и несправедливое.

Он стоял в противоположном углу комнаты, и у Фреда было впечатление, что голос его звучал почти что издалека.

— Моя мать умирала от тяжелой болезни, — сказал он, — и я знал, что ее нельзя было спасти. Но если бы меня спросили тогда, согласен ли я умереть, чтобы она осталась жива, я бы не колебался ни минуты. Так мне казалось.

Фред смотрел неподвижными глазами на белое пятно его лица и сжимал зубы от непонятного волнения.

— Ты понимаешь? Фреду было трудно говорить, он кивнул головой.

— Потом, когда все было кончено, я опять начал думать об этом. Я думал — вот, я хотел бы умереть вместо нее. Значит, существуют какие-то вещи, за которые ты готов отдать свою жизнь, то есть единственное, что у тебя есть. Что это такое? Ты бы не мог об этом подумать, если бы. твоя мысль останавливалась там, где останавливается твоя жизнь. Ты понимаешь? Потому что когда ты готов отдать свою жизнь, то это решаешь ты, а не кто-то другой. Значит, ты продолжаешь существовать после того, как ты дошел до конца своей жизни. И я подумал тогда, что, вероятно, смерти нет. Есть страшный переход из одного состояния в другое. Я думаю, что почти для всякого человека это самое ужасное, что он может себе представить. Но это только переход.

Он, наконец, сдвинулся с места и подошел к Фреду. Потом он повернулся и пошел обратно. Фред видел в течение нескольких секунд только его затылок и слышал измененный звук его голоса.

— И если это так, ты понимаешь? то вся наша жизнь принимает другой смысл. Мы должны жить иначе, чем мы жили бы, если бы за смертью не было ничего. Я вижу, например, людей, которые выбиваются из сил, чтобы достигнуть совершенно незначительной цели. И когда им это, наконец, удается, у них не остается сил, чтобы воспользоваться тем, что они сделали. Но, помимо всего, то, чего они добиваются, не стоит труда.

Он вдруг улыбнулся.

— Ты знаешь, Франсис, мне однажды было нужно достать крупную сумму денег. Я отправился к одному человеку, у которого много миллионов. Он мне отказал. Он сказал мне, что согласился бы дать деньги только в том случае, если бы был абсолютно уверен, что они будут разумно использованы. Он прибавил еще, что с деньгами нужно уметь обращаться и что они не должны попадать в недостойные руки. Он так и сказал — недостойные руки. Рожэ засмеялся.

— Я ушел и на прощанье сказал, что выражаю ему свое сочувствие. Он удивился. Тогда я сказал ему, что хотя он и миллионер, но ведет себя как нищий и, в конечном итоге, фактически он не богаче последнего оборванного бродяги, который ночует под мостом. Потому что, если бы я обратился к такому бродяге с той же просьбой, что к нему, результат был бы одинаковый.

Затем его голос изменился, и он сказал серьезно:

— Кто из нас мог бы утверждать — в конце своей жизни, — что он прожил недаром и если бы его судили за все, что он делал, у него было бы какое-то оправдание? Я долго думал над этим и пришел к одному выводу. Он не новый, он известен тысячи лет. И он очень простой. Если у тебя есть силы, если у тебя есть стойкость, если ты способен сопротивляться несчастью и беде, если ты не теряешь надежды на то, что все может стать лучше, вспомни, что у других нет ни этих сил, ни этой способности сопротивления. И ты можешь им помочь. Ты понимаешь? Для меня лично в этом смысл человеческой деятельности.

Фред слушал его, не пропуская ни слова.

— Меня спрашивали: зачем это делать? или: почему надо так поступать? Мне как-то сказали: вы говорите так, потому что вы христианин и потому что вы верите в Бога. Но я знал людей неверующих, знал других, которые едва слышали о христианстве и которые поступали именно так. Самое замечательное в этом то, что такая деятельность не нуждается ни в оправдании, ни в доказательстве своей пользы. Я верю в Бога, но, вероятно, я плохой христианин, потому что есть люди, которых я презираю. Если бы я сказал, что это не так, я бы солгал. Правда, я замечал, что презираю не тех, кого обычно презирают другие, и не за то, за что людей чаще всего презирают. Но огромное большинство людей надо жалеть. На этом должен строиться мир.

Он говорил просто, не повышая голоса.

— Нас, то есть таких, кто думает, как я, нередко называли сумасшедшими. Но многих из тех, которые так говорили, давно уже нет, давно забыты их имена и то, что они считали правильным и нужным, а мы еще существуем. И я думаю, что пока будет стоять мир, это будет так. И, в конце концов, не так важно, быть может, как это будет называться: гуманизм, христианство или что-нибудь другое. Сущность остается одна и та же, и сущность эта заключается в том, что такая жизнь, о которой я тебе говорю, не нуждается в оправдании. И я тебе скажу больше — то, что я лично думаю: только такая жизнь стоит того, чтобы ее прожить.

Он замолчал. Фред тоже не произносил ни слова.

— Я часто думал о тебе, — сказал Рожэ. — Какая-то случайность предшествовала твоему рождению. Ты был брошен в этот мир, и ты погрузился в небытие. В тех условиях, в которых ты жил, это не могло быть иначе. Но, начиная с известного момента, всякий человек становится ответственным за то, что он делает. Уклониться от этой ответственности — это значит вести себя, как последний трус. Есть еще другие категории людей, которые от нее уклоняются. Есть люди слабые. Есть люди, ум которых недостаточно развит, чтобы в этом разбираться. И есть мерзавцы. Я всегда спрашивал себя, зачем нужно их существование? Вероятно, затем, чтобы мы, глядя на них, лучше понимали, как не надо жить, и их роль — в этом постоянном напоминании. Я думаю, что ты не принадлежишь ни к одной из этих категорий, и я уверен, что ты не трус. Если бы это было иначе, мы бы с тобой сейчас здесь не разговаривали. Это то, что я хотел тебе сказать сегодня.

* * *

Роберт ничего не сказал Жанине о втором приходе Фреда непосредственно после того, как это произошло. Он заговорил об этом впервые через две недели после ее возвращения из клиники. Это было ночью, она лежала рядом с ним. Он поцеловал розоватый шрам на ее животе и сказал:

— Да, Жанина, я совсем забыл. Когда тебя только что оперировали...

Она поднялась на локте.

— Что тогда случилось?

— Ничего страшного, — ответил он. — Фред приходил опять.

— И ты мне до сих пор ничего не говорил? Боже мой, что же было?

Он рассказал ей, как все произошло. Она покачала головой и сказала:

— Ты знаешь, я начинаю думать, что из тебя вышел бы неплохой гангстер.

— Это очень сомнительно, — сказал он, улыбаясь. — Во-первых, я слишком ленив. Во-вторых... не знаю, меня как-то не тянет к этому.

Она помолчала.

— Что же теперь будет? Неужели опять сидеть и ждать, что он снова явится? Я тебя предупреждаю, Роберт, что второй раз я не уйду, я больше не могу.

— Да-да, — сказал он. — Нет, мне почему-то кажется, что вряд ли он придет в третий раз. У него был какой-то странный вид тогда, ты знаешь... и странные глаза... Нет, я думаю, он не вернется.

Она лежала рядом с ним, закинув руки за голову и глядя в потолок.

— о чем ты думаешь? Она улыбнулась.

— Когда мне было одиннадцать лет, и я уже жила в деревне, и мама приехала потом на две недели, недалеко от нас, на огромном пустыре, расположился цыганский табор. Я помню, что я была очень удивлена: я никогда не видела таких людей. Первая же вещь меня поразила. Старая цыганка готовила пищу для своей семьи, и знаешь, что она делала? Она обдирала ежа. Ты себе представляешь?

— Действительно странное блюдо, — сказал он.

— Ты видал когда-нибудь цыган, Роберт?

— Да, — сказал он. Он вспомнил, как несколько раз он проезжал на автомобиле мимо тех мест возле дороги, где почти каждое лето останавливались цыганские возки; там паслись маленькие пегие лошади, было множество детей, очень смуглых и грязных, были небритые мужчины дикого, как ему казалось, вида и женщины в длинных, почти до пят юбках и в цветных кофтах, надетых на голое тело. И один раз, когда он остановил машину, потому что ему послышался какой-то подозрительный звук в шуме мотора, к нему подошла молодая цыганка, держа маленькую афишку, и спросила его, не может ли он ей сказать, что тут написано. Он врял из ее темной руки листок и прочел, что здесь, на площади этого местечка, завтра вечером будет выступление знаменитого китайского фокусника Ли-Фур и будут показаны научные опыты первый раз в Европе, и в их числе магический сундук и летающая женщина. Он хорошо помнил ее смуглое лицо, темные глаза, порванную ее кофту, очень открытую впереди, так что было видно начало ее узких грудей, неподвижный воздух знойного августовского дня в Провансе.

— Спасибо, vonsieur, — сказала она ему, — что ты прочел мне афишу. А сколько стоит вход?

— Три франка.

— Ну, дай мне руку, я тебе погадаю. Я скажу тебе о женщине, которая тебя будет любить, и я тебе скажу, что надо делать, чтобы быть богатым.

Он засмеялся.

— Ты все это знаешь?

— Я цыганка, — сказала она. — Я знаю все. Он хотел ее спросить — «а буквы»? Но он не сказал этого. Он только отрицательно покачал головой, продолжая улыбаться, и дал ей пять франков.

— Спасибо, — сказала она. — Я тебе все-таки скажу самое главное: у тебя будет счастливая судьба.

Он сел в автомобиль и помахал ей рукой на прощанье. Когда он обернулся, проехав двести или триста метров, он увидел, что она все стояла на том же месте и смотрела ему вслед.

Он рассказал это Жанине и прибавил:

— Но этим и ограничивается мое знакомство с цыганами. о том, что они едят, например, я совершенно не осведомлен.

— Мне тоже гадала цыганка, — сказала Жанина. — Она предсказала мне то же самое: что я встречу человека, который меня полюбит, и что я буду богата. Я рассказала это дома. Мама и бабушка смеялись, а дедушка сказал, что все может быть.

Она продолжала смотреть в потолок, и потом ее верхняя губа дернулась.

— Я вспомнила о ее предсказании в тот день, когда Фред мне сказал, что я буду работать на него.

— Ты хорошо помнишь эту цыганку?

Она кивнула головой.

— Да. Она была не похожа на ту, которая тебя спрашивала, что написано на афише. Она была старая, с черными маленькими глазами и очень хриплым голосом. И не так давно, несколько дней тому назад, когда я опять вспомнила о ней, я подумала: вот, она предсказала мне счастье и богатство. Что она знала об этом? и что это такое в ее представлении? Может быть, то, что другим казалось бедностью, ей казалось богатством. Даже вернее всего это так.

— И вот видишь, она все-таки была права. Ты знаешь, Жанина, я как-то разговаривал с моим отцом об участи разных людей, и он сказал вещь, которая показалась мне правильной. Он сказал, что у каждого человека две судьбы. Одна — это та, которая есть. Другая — та, которая должна была бы быть. Понимаешь? Иногда эти две судьбы совпадают, но далеко не всегда. И далеко не всегда это зависит от личных усилий или стремлений.

— Ты думаешь, что в каждой человеческой судьбе есть какая-то справедливость?

— Справедливость? — спросил он задумчиво. — Не знаю. Я думаю, что есть приговор.

Как каждую ночь, она заснула первой, даже не успев накрыться одеялом. Он лежал рядом с ней, оперев голову на руку и глядя на ее смуглое тело с двумя ровными белыми пятнами на груди и белым треугольным поясом на нижней части живота, где точно отпечатался ее купальный костюм. И как каждую ночь, он испытывал чувство, которого не мог бы описать. Но сегодня, кроме того, он думал о цыганках и предсказаниях. Он пролежал так несколько минут, потом приподнялся, накрыл Жанину одеялом, потушил лампу, стоявшую на ночном столике, и остался в темноте. Но он не спал. В сотый раз он с ужасом представлял себе, какой могла бы быть судьба Жанины. И когда он думал, что это тело могло стать тем, что из него хотел сделать Фред, и что эта самая Жанина, дыхание которой он слышал сейчас, должна была бы пройти через тягчайшие человеческие унижения, у него кровь приливала к лицу, и он чувствовал, что если бы это зависело от него, — в каком-то идеально-теоретическом плане, — то, чтобы помешать этому, он не остановился бы ни перед чем, даже перед убийством. Он вспомнил Фреда и подумал, что сказала Жанина о старой цыганке: «Может быть, то, что другим казалось бедностью, ей казалось богатством». Да, вероятно, у этой женщины, которая не умела читать и ела ежей, были свои собственные представления обо всем. И, вероятно, Фреду тоже казалось, что та работа, к которой он предназначал Жанину, могла рассматриваться как естественная и, в сущности, неплохая для нее карьера, лучше, чем участь поденщицы или служба на фабрике. Но Роберт недосмотрел фильма — и все это исчезло, не оставив ничего, кроме соображений о том, что могло бы быть и что должно было произойти, но чего не произошло. Теперь будущность Жанины была определена.

За эти несколько месяцев она совершенно изменилась во всем, вплоть до походки и интонаций ее негромкого голоса. Та природная мягкость, которая в ней была всегда, приобрела особый оттенок — так же, как ее движения или манера сидеть за столом. Все это время он посвятил тому, чтобы приблизить ее к себе. Она впитывала в себя как губка то, чему он ее учил, и следовала за ним с легкостью, которая его удивляла. Но он не строил себе чрезмерных иллюзий и знал, что тот мир отвлеченных построений и холодной восторженности разума, в котором он привык существовать, останется ей чужд навсегда. Это, впрочем, могло бы быть так, даже если бы она выросла в тех же условиях, что он.

Он сам не отдавал себе отчета в том, насколько глубоки и насколько внешне очевидны были изменения, которые в ней произошли. об этом ему сказал отец, которого он попросил прийти к нему обедать, как тогда, в самом начале ее пребывания на rue Poussin. Когда он вышел один провожать отца, Андрэ Бертье сказал, что он даже не надеялся на такие результаты и что теперь Жанину можно показать кому угодно.

Она была, наконец, представлена Соланж. Роберт предупредил ее, что разговор, вероятно, коснется медицины.

— Ты же знаешь, что я в ней ничего не понимаю.

— Это не так важно, — сказал он. — Тебе нужно будет время

от времени только подавать незначительные реплики. Говорить будет моя мать.

Все прошло еще благополучнее, чем он думал. Соланж нашла, что у Жанины прекрасный вид, что ей идет ее прическа, что она чрезвычайно мила и очень неглупа, хотя немного робка. Андрэ Бертье сказал Роберту, когда они остались вдвоем на несколько минут:

— Твоя мать плохо разбирается в людях и, кроме того, крайне к ним невнимательна. Но на этот раз я совершенно согласен с ее суждением.

* * *

С того дня, когда в газетах появилось сообщение о смерти сенатора Симона, прошел год. Давно были забыты его похороны и речь над его могилой, которую произнес по назначению один из его коллег, маленький старичок с розовой лысиной и блеклыми глазами на небольшом лице, постоянно сохранявшем одно и то же выражение — встревоженности и незначительности. «Высокая мораль и честность по отношению к самому себе и по отношению к другим, — читал он хриплым голосом, — являлись главной особенностью покойного. Мы, те, кто имел счастье работать вместе с ним многие годы, мы все сумели оценить с самого начала его удивительную личную скромность, отсутствие какого бы то ни было честолюбия и его неизменную благожелательность ко всем. Если бы правящие круги государства насчитывали в своих рядах много людей, похожих на Пьера Симона, мы могли бы со спокойной гордостью сказать, что будущее нашей страны обеспечено. Но наш строй редеет. Не так давно умер ближайший друг покойного, сенатор Рибо, теперь настала очередь Пьера Симона. Мы знаем, что пути Господни неисповедимы. Но от этого горькое чувство непоправимой потери не становится менее тягостным. Мы можем только сказать, что Пьер Симон прожил жизнь, полную труда, и умер с сознанием выполненного долга».

Могила Рибо, действительно, находилась недалеко от того места, где опустили в землю гроб, в который был положен худой и короткий труп Симона. На обеих могилах были приблизительно одинаковые мраморные плиты. На мраморных плитах были написаны приблизительно те же слова: «здесь покоится...». Но в течение долгих дней, недель и месяцев, которые проходили после смерти каждого из них, на

129

могилу Рибо какие-то пожилые дамы в черном, одни высокие, другие среднего роста, третьи маленькие, приносили разные цветы, которые медленно увядали рядом с золотыми буквами. На могиле Симона никогда не бывало цветов. Жизнь Рибо оставила после себя нечто похожее на фосфорную линию, пересекавшую существование нескольких женщин, и в этом была своеобразная призрачная утешительность. о жизни Симона — и о его смерти — было некому вспоминать. И только приблизительно через год после его похорон его фамилия была вновь упомянута в газетах в связи с автомобильной катастрофой, единственным свидетелем которой, по странному стечению обстоятельств, оказался Жерар, бывший владелец дансинга «Золотая звезда».

Он жил уже некоторое время в небольшой вилле, недалеко от дороги, проходившей по берегу моря. Его давняя мечта исполнилась, хотя все произошло не совсем так, как он это себе представлял. Это началось с того, что несколько месяцев тому назад он сидел у себя в кабинете, отделенном от дансинга длинным коридором. Был зимний вечер, было около шести часов. Он просматривал счета, когда раздался телефонный звонок.

— Алло? — сказал он, сняв трубку.

— Алло, Жерар? — сказал знакомый голос. — Приезжайте ко мне сегодня вечером, мы вместе пообедаем. Вот адрес: 226, rue Perronet, Neuilly. Буду ждать вас к восьми часам. Мне надо с вами поговорить.

Жерар не знал этого адреса. Он задумался на несколько секунд, потом пожал плечами. В половине восьмого он вышел на улицу. В свете фонарей косо падали частые капли ледяного зимнего дождя, желтыми электрическими буквами горела надпись «Золотой звезды». Он дошел до угла, остановил такси и дал адрес, сообщенный ему по телефону. Через четверть часа автомобиль остановился перед железной решеткой, за которой был сад. Аллея, усыпанная гравием, вела к полутораэтажному особняку, над дверью которого горел фонарь. Расплатившись с шофером, он позвонил. Калитка распахнулась. Он шел по освещенной аллее; справа и слева темнели редкие деревья. Выпрямившись во весь свой гигантский рост, он шагал по середине дороги, и ему казалось, что из-за опущенных ставен на него смотрят чьи-то глаза. Когда он позвонил, дверь тотчас же отворилась, и его встретила горничная, которая сняла с него пальто, взяла его шляпу и перчатки и провела его в гостиную. Вдоль стен шел темный дубовый карниз, под потолком висела старинная люстра, на стенах были картины, которых он не рассмотрел. Он сел в кресло и закурил папиросу. Через минуту вошел Лазарис. Он был в синем костюме и крахмальной рубашке с темным галстуком. Жерар встал.

— Здравствуйте, Жерар, — сказал он. — Обед нас ждет, идемте в столовую.

Жерар был удивлен и этой обстановкой, и этим приемом. Он не мог понять, почему Лазарис заставил его прийти именно сюда.

За обедом Лазарис говорил о незначительных вещах и ни словом не обмолвился ни о чем, что имело бы отношение к делам. После обеда они перешли в другую комнату, с глубокими креслами и тяжелыми этажерками.

— Мой дорогой Жерар, — Жерару показалось, что в голосе Лазариса звучала какая-то непривычная интонация, — я пригласил вас сюда, чтобы поставить вас в известность о некоторых решениях, которые я принял.

Он закурил папиросу. Жерар никогда до этой минуты не видел Лазариса курящим.

— Несколько дней тому назад, на той улице, где находится мой магазин, умер от чахотки один молодой человек, рабочий. Я знал его с детства. Их было двое на свете — он и его бабушка. Они были очень бедные. Пока он мог работать, он содержал ее. Теперь он умер, и она осталась без всяких средств. Это очень печальная история, Жерар, вы не находите?

— Несомненно.

— Но вы еще не знаете самого печального. Бабушка пришла ко мне, в магазин, так, как она приходила ко всем на этой улице. Она пришла, чтобы еще раз рассказать, как умирал ее маленький Пьеро и как он плакал перед смертью оттого, что ему было жаль оставлять бабушку одну. И вы знаете, что я сделал, Жерар?

— Нет.

Лазарис задумчиво смотрел перед собой.

— Я дал ей денег.

Жерар молчал, вопросительно глядя на Лазариса.

— Вы понимаете, Жерар? Я дал ей денег. Это очень плохо. Это значит, Жерар, что я начинаю сдавать. Вы понимаете, что я хочу сказать?

— Откровенно говоря, не совсем.

— Это верно, Жерар, вы никогда не были деловым человеком, вы были просто бандитом. Но если бы вы были коммерсантом, вы бы знали, что всякое человеческое чувство, введенное в эту область, вносит туда эмоциональный элемент, которому там нет места и который следует рассматривать как самую гибельную и опасную вещь, какая только может существовать. Я знаю, что вы в вашей бурной жизни руководствовались другими соображениями и поэтому совершали поступки, которые не имели логического смысла. Вспомните, в частности, тот факт, что вы могли заработать очень крупную сумму в Порт-Саиде. Но вы были вынуждены спешно покинуть этот город в результате некоторых поступков, которые шли вразрез с вашими коммерческими интересами.

Жерар заметил, что Лазарис ни разу не улыбнулся за весь вечер. Это было не похоже на него и было так же странно, как все остальное.

— Я знал, что это рано или поздно может случиться. И я давно дал себе слово, что в тот день, когда это произойдет, я ликвидирую свои дела и уйду на отдых. Этот день наступил. Надо уметь остановиться вовремя. Большинство людей, занимающихся не вполне легальными профессиями, кончают плохо именно потому, что не понимают этой истины. Сколько вы мне должны, Жерар?

— Я точно не помню. Если хотите, я завтра сообщу вам эту сумму.

— Не стоит, — сказал Лазарис. — Я знаю ее. Вы были мне должны еще до вашего последнего отъезда из Франции. Когда вы вернулись, я дал вам денег на открытие вашего дансинга с тем, что, помимо уплаты мне этих расходов целиком, я буду получать половину вашей выручки. Так?

— Совершенно точно.

— До сих пор вы вносили мне только проценты на ваш возрастающий долг. Я не требовал с вас остального, потому что я знал, что вы не можете от меня уйти.

Он еще глубже сел в кресло.

— В вашем распоряжении сейчас находятся крупные суммы. Если бы не долг мне, вы были бы богатым человеком и могли бы поселиться на Ривьере, как вы об этом мечтали. Не так ли?

— Да.

— Я старею, Жерар, — сказал Лазарис с интонацией искреннего сожаления в голосе. — Я прожил долгую жизнь, и всякий другой человек на моем месте был бы давно в могиле. И вот сейчас я выяснил, что только чудо спасло меня от преждевременной гибели. Я хочу этим сказать, что во мне всегда, оказывается, существовали человеческие чувства, те самые, о которых я вам уже говорил. Извините, что я так многословен: это дань моему юридическому образованию.

Короче говоря, Жерар, я предлагаю вам считать, что все ваши долговые обязательства по отношению ко мне аннулированы.

Жерар не верил своим ушам.

— Вы говорите серьезно?

— Совершенно серьезно.

Жерар растерялся. Он видел много вещей за свою жизнь, но никогда даже не слышал ни о чем похожем на то, что происходило сейчас. До сих пор денежные деловые расчеты заключали в себе для него и для всех других только две возможности: платить — или стрелять. В данном случае эта альтернатива оказывалась беспредметной. Он сказал неуверенным голосом:

— Я не знаю, как вас благодарить... Лазарис пожал плечами. Потом он взглянул на Жерара, и в его глазах стояло очень странное, далекое выражение.

— Мне кажется, Жерар, что мы все похожи на пилигримов, которые в пути забыли о цели их странствия. Но когда мы приближаемся к концу нашего путешествия, мы начинаем понимать, что другого пути для нас, может быть, не было и что, во всяком случае, он был не таким, каким мы себе его представляли. Я не знаю, поймете ли вы меня. Но это, в конце концов, неважно.

Он встал с кресла. Жерару казалось, что ему все это снится. Эта огромная комната с книгами, высокая фигура Лазариса в синем костюме, его желтая рука с длинными пальцами, держащими папиросу, темные картины на стенах и это невероятное аннулирование долга — все это было совершенно неправдоподобно.

— Мир существует помимо нас — и можем ли мы в нем что-либо изменить, Жерар? Мне кажется, что наши возможности в этом смысле чрезвычайно ограничены. Вы могли в этом убедиться, вы, Жерар, двенадцать лет тому назад, в тот день, когда вы встретили Марго в Порт-Саиде. Я хорошо ее знал. Она была единственной женщиной, ради которой я был готов на убийство. В этом у меня никогда не возникало сомнений. То, что вы избавили меня от необходимости стать убийцей, объясняет мое сегодняшнее решение. Я говорю вам это потому, что мне не хотелось бы быть превратно понятым.

Он стоял прямо против Жерара, и Жерар с удивлением заметил, что его пальцы, державшие папиросу, дрожали.

— Я знаю всю вашу жизнь, Жерар. В ней нет ничего, что заслуживало бы награды. Но вот случилось, что в этой жизни было несколько дней, когда вы действовали именно так, как было нужно. То, что вы рисковали в эти дни головой, не так важно, это был не первый и не последний раз за все время. Но вы поступили так, как хотел бы поступать я и как я поступил бы, если бы вы не сделали этого за меня. Может быть, это было совпадение — или случайность. Но это предопределило мое отношение к вам и, в частности, наш сегодняшний разговор со всеми последствиями, которые из него вытекают. Это заключение того, что произошло двенадцать лет тому назад в Порт-Саиде.

— Monsieur Лазарис, — сказал Жерар, вставая, — я не умею говорить, как вы, и не нахожу слов. Но я благодарю вас со всей искренностью, на которую я способен.

Лазарис протянул ему руку и проводил его до передней. Жерар надел пальто, шляпу и перчатки и вышел из дому. Деревья были неподвижны, в саду стояла тишина, которую нарушал только треск гравия под его ногами. Когда он захлопнул за собой железную калитку и вышел на пустынную улицу, он вдруг ощутил непонятную усталость и подумал, что он тоже стареет и что, действительно, пора переезжать на юг, подальше от «Золотой звезды» и ее клиентов, от Парижа, полицейских инспекторов, Больших бульваров и Лазариса — потому что Лазарис был единственным человеком, которого он боялся.

Он выждал две недели, в течение которых ничего не случилось. Тогда он занялся ликвидацией своих дел и продажей «Золотой звезды», и через месяц после того вечера, когда он обедал у Лазариса, он взял билет на поезд, идущий из Парижа в Ниццу. Еще через две недели он поселился окончательно в этой небольшой вилле, окруженной садом с пальмами и соснами; сад кончался невысоким обрывом, за которым было море.

Он долго не мог привыкнуть к тишине, которую нарушал только треск цикад в жаркие дни и легкий плеск волн. Но еще труднее было привыкнуть к ощущению безопасности.

Он выходил иногда поздно вечером один и бесцельно шел по дороге, не думая о направлении. Во время таких прогулок ему нередко вспоминались давно прошедшие времена и люди, с которыми он был связан. Большинства из них не было в живых, и это, в общем, следовало считать положительным фактом, так как если бы они были живы, Жерар не испытывал бы чувства безопасности. Он шел в теплой темноте по дороге и время от времени перед его глазами вставали набережные Сан-Франциско, освещенные калифорнийским солнцем, улицы Шанхая, погруженные во влажный зной, от которого одежда прилипала к телу, зимние площади европейских городов. Все это было кончено, — благодаря непонятному великодушию Лазариса.

Он шел так однажды поздним вечером июльского дня. Огромные звезды стояли в темном небе. Перед ним смутно чернела дорога; иногда, оглядываясь назад, он видел огни фонарей, освещавших ее небольшой отрезок и поворот, пропадавший во тьме. Справа от дороги были холмы, заросшие густым твердолиственным кустарником, слева — обрывы и скалы над морем. Он шел и думал, что жизнь, в сущности, кончена, не столько потому, что он больше ничего не делал и жил на покое, сколько оттого, что прекратилось длительное ожидание, которое он так хорошо знал всегда. Ему казалось, что вся его жизнь была наполнена этим ожиданием, которое принимало разные формы, но оставалось, в конце концов, тем же. Иногда он ждал свободы, иногда он ждал минуты, когда он начнет действовать, иногда он ждал результата того или иного его поступка, иногда он ждал — в парке, в кафе, в лесу или на углу улицы — появления знакомого силуэта, иногда он ждал расплаты. Но ждал он всегда. И вот теперь ждать было больше нечего, и от этого в его жизни появилась неподвижность, о которой раньше он не имел представления. Она была полна еще воспоминаний, и Жерар за эти короткие месяцы успел подумать о множестве вещей, для размышления о которых у него до сих пор не было времени. Но в этой неподвижности для него было чтото обидное. И он думал, что, если бы ему снова пришлось вернуться к своей прежней деятельности, у него не хватило бы на это сил. Он вспомнил, что «Золотая звезда» продолжает существовать без него — и перед его глазами появились далекие желтые огни ее вывески.

Он вдруг остановился. Из далекой тьмы два желтых огня автомобиля шли стремительными зигзагами, приближаясь к тому месту, где он стоял. Он успел подумать, что сейчас произойдет катастрофа, и быстро сошел с дороги в кустарник. Еще через несколько секунд фары вильнули влево, потом слепо и прямо понеслись вперед и, наконец, в последнем движении, свернули вправо и исчезли. Тотчас же до него донесся звук глухого и страшного удара. Перебежав дорогу, он стал быстро спускаться по камням к морю, к тому месту, где повисла машина, остановленная в своем падении прибрежной скалой. Он зажег карманный фонарь. Колеса автомобиля были погнуты, стекла разбиты, правая сторона, на которой он лежал, была раздавлена. Сквозь стекла дверцы, треснувшие мелкими жилками, он увидел две головы, женскую и мужскую. Дверцу заклинило. Он уперся коленом в кузов машины и потянул ее к

135

себе. Мускулы его огромного торса напряглись до боли, лицо покрылось потом, но замок медленно начал сдавать. Потом раздался железный хруст, и дверца распахнулась. Он направил свет фонаря внутрь и остался неподвижен.

В автомобиле были двое — женщина и мужчина. Оба были, повидимому, мертвы. Но в этом было нечто кощунственное: и женщина, и мужчина были голыми снизу до пояса, и даже смерть не разделила их тел. Он смотрел на их трупы остановившимися глазами. Потом он снял с себя пиджак и набросил его на это сплетение еще теплых ног. Он случайно дотронулся до тела женщины, и когда он посмотрел потом на свою руку, он увидел, что она была в крови.

Он поднялся по скалам наверх и пошел в том направлении, откуда доходил далекий свет огней. Через некоторое время он услышал сзади себя шум. Тогда он стал посередине дороги и широко расставил руки. Огромный грузовик едва не наехал на него и остановился, захрипев тормозами.

— В чем дело? — закричал шофер.

Жерар сел рядом с ним и сказал почти беззвучно:

— Второй поворот направо, полицейский комиссариат. Ты остановишься там. Только что здесь разбился автомобиль. Он лежит внизу, над морем. В нем двое убитых.

— Ай-ай-ай! — сказал шофер. И грузовик рванулся вперед.

Жерар поехал потом с полицейскими, чтобы показать, где именно лежал упавший с дороги автомобиль. При свете сильного прожектора трупы были вынуты из машины в их уже закоченевшей наготе. Мертвое лицо женщины не было обезображено смертью. Жерар посмотрел внимательно, и ему показалось, что он уже видел где-то этот особенный, продолговатый разрез глаз, эти широкие губы и именно этот оттенок белокурых волос. Но он видел столько женщин в своей жизни, что его память отказывалась точно восстановить время, место и обстоятельства, при которых он заметил это лицо. На полу автомобиля лежали части женской и мужской одежды и дамская сумка. По найденным там бумагам выяснилось, что мужчину звали Поль Лафит. Он был журналистом. Женщина была студенткой юридического факультета. Ее звали Валентина Симон.

Их трупы были перевезены в Париж и там похоронены. Во всех газетах были описаны обстоятельства катастрофы — в одних это было сказано почти прямо, другие ограничились намеками. Потом в одном из еженедельников появился некролог, посвященный памяти Поля Лафита и подписанный главным редактором, близко знавшим покойного. Полю

Лафиту не было тридцати лет, и, по словам редактора, ему предстояла блестящая карьера, — как это часто говорится в подобных случаях, независимо от того, в какой степени это утверждение соответствует действительности. Но вторая, не менее пространная, часть некролога была посвящена Валентине, которую редактор знал, по-видимому, очень хорошо.

«Я всегда думал, — писал он, — что нельзя себе представить ничего менее правдоподобного, чем мирная старость и спокойная смерть этой девушки, и здесь оказывались несостоятельными любые усилия воображения. Мне всегда казалось, что она должна была погибнуть именно так. Неудержимая стремительность ее чувств, органическое непонимание того, что такое страх, и полное пренебрежение к матерьяльным препятствиям, — что было для нее особенно характерно, — не могли логически привести ни к чему другому. Ее всегда мучила жажда чего-то еще неосуществленного, чего-то, что ей было еще неизвестно. Она никогда не задумывалась над вопросом о ценности человеческой жизни, даже своей собственной, и ее блистательная молодость делала ее неуязвимой всякий раз, когда возникала проблема смерти в ее отвлеченном или непосредственном значении. А между тем, этой идеей смерти было пронизано все ее существование. Для нее была непостижима та спасительная иллюзия, которая позволяет нам полагать, что длительность человеческих чувств может в некоторых случаях равняться длительности нашей жизни. Ее воображение не шло дальше очень короткого периода, в течение которого полнота этих чувств раскрывалась до конца. Но это было похоже на блистательный фейерверк. Ничто, выходящее за прёделы ее теперешних возможностей, не интересовало ее. И те трагические обстоятельства, в которых она погибла, только оттеняют особенность ее облика, не похожего ни на чей другой.

Мы, в частности, склонны осуждать людей, только когда они испытывают то, что мы не способны испытывать, когда они идут туда, где их ждет опасность и куда мы на их месте не шли бы, потому что нас удержал бы страх. Я не принадлежу к категории тех, кто готов осудить Валентину Симон. Я сохраню о ней благодарное воспоминание. С нерассуждающей смелостью она рисковала погибнуть за ту иллюзию, которой у нее не было, за то чувство, в которое она не верила. И этот риск оказался смертельным».

Жерар прочел эту статью случайно, потому что еженедельник, в котором она была напечатана, попался ему на глаза, когда он ждал своей очереди у парикмахера в Сан-Рафаэле, куда он приехал на несколько часов. Для него было непонятно, что, собственно, хотел сказать автор некролога, как в свое время осталось непонятным, почему Лазарис сравнивал себя и его с пилигримами, о которых Жерар имел самое смутное представление. Но он отчетливо вспомнил эту теплую ночь, дорогу, зигзаги приближавшихся огней, глухой удар автомобиля о скалу, то, что он увидел потом, при свете карманного фонаря, и липкую кровь на своей руке. И когда парикмахер его стриг и над его ухом раздавалось равномерное металлическое щелканье ножниц, он думал о том, что количество трагических вещей в жизни значительно превосходит возможности его воображения и его огромный личный опыт.

* * *

Если бы Фреду когда-нибудь сказали, что не только он, а вообще кто бы то ни было может жить так, как он жил теперь, ему это показалось бы диким. Прошло немногим меньше года с того дня, когда Рожэ привез его сюда на своем автомобильчике. В Париже за это время, вероятно, произошло много событий; где-то недалеко отсюда шла шумная и бурная жизнь, но здесь, в том, что его окружало, ничего не менялось. Он знал теперь чуть ли не каждое дерево в лесу, знал, на какой высоте стучит дятел, откуда идет печальный крик кукушки, где лисья нора, куда тонкой и непрерывной линией идут крупные красные муравьи из муравейника. Летом, когда было тепло, он выходил в лес с книгой, ложился на мягкий слой прошлогодних листьев и читал, время от времени поднимая голову и прислушиваясь к одинокому птичьему крику или к легкому, воздушному шуршанью крыльев. Иногда он следил долгими минутами за мерными кругами ястреба, высоко в небе, иногда он закрывал глаза и слушал невнятный лепет листьев под летним ветром.

Каждые два дня он ездил на старом велосипеде в соседнюю деревню, где покупал себе провизию; и так как он не умел готовить и не придавал особенного значения тому, что и как ел, то покупал обычно все одно и то же. Затем он спешил домой, где его ждала очередная книга. За это время он прочел очень много. Каждый раз, когда приезжал Рожэ, он спрашивал:

— А что мне теперь читать?

Роже вынимал несколько томов из плотных рядов этажерки и откладывал их в сторону. И неизменно к его следующему приезду они были прочтены. Вначале Рожэ давал ему преимущественно беллетристику. Потом однажды он достал с полки четыре толстых книги и сказал:

— Вот, Франсис, это история культуры. Той самой, о которой говорили эти люди в кафе. Когда ты кончишь ее, ты поймешь, что они имели в виду в тот день, когда их разговор так тебя поразил.

Фред всегда был молчалив. Но теперь, живя так долго в одиночестве, он привык разговаривать сам с собой вслух, хотя всетаки каждый раз неизменно понижал голос. Иногда он ловил себя на том, что произносит длинный монолог, ставя себя на место очередного героя. Тогда он спохватывался, точно кто-нибудь мог его слышать, и умолкал. В один из приездов Рожэ он рассказал ему об этом — и когда он кончил говорить, на сумрачном его лице появилась улыбка.

— А! — с радостным удивлением сказал Рожэ. — Я очень доволен.

— Чем именно?

Рожэ покачал головой.

— За все время, что я тебя знаю, я первый раз вижу, что ты улыбаешься.

Потом он задумался на минуту и прибавил:

— Правда, до сих пор у тебя, собственно, не было причин улыбаться. Но это все кончено, Франсис. Это кончено, ты понимаешь?

Еще через несколько недель он сказал Фреду:

— Я бы на твоем месте сделал перерыв в чтении дней на десять. Тебе надо отдохнуть, нельзя так себя переутомлять.

— Вы думаете?

— Уверен.

Но когда Фред остался без книг, это показалось ему жестоким наказанием. Он много раз подходил к полкам и машинальным движением протягивал к ним руку, но тотчас отдергивал ее. Когда Рожэ приехал через неделю, он его спросил:

— Ты что-нибудь читал за это время?

— Нет. Вы сказали мне, что надо сделать перерыв.

— И тебе не хотелось читать?

— Очень хотелось, — сказал Фред.

— Теперь ты понимаешь, что происходит? — спросил Рожэ. — Я тебе посоветовал не читать, ты со мной согласился, то есть, вернее, не возражал. Я уехал с уверенностью, что ты последуешь моему совету. И ты действительно это сделал. Почему?

— Но как же я мог поступить иначе?

— Я знал, что ты поступишь именно так. Я от тебя этого не требовал, и я тебя этому не учил. Но ты не сделал этого потому, что ты не хотел обмануть мое доверие. Ты понимаешь? Сейчас ты становишься таким, каким ты был бы всегда, если бы тебя не искалечили внешние обстоятельства. Теперь я мог бы послать тебя на rue St.Denis — я знаю, что с тобой ничего не случилось бы и ты бы там не остался.

— Этим я всецело обязан вам, — сказал Фред.

— Это неверно, — ответил Рожэ. — Переделать человека нельзя. Можно постараться избавить его от тех причин, которые ему мешают быть таким, каким его создала природа. Это то, что я хотел сделать по отношению к тебе. Но я — только стенка, о которую ты оперся, чтобы не упасть. Я только стенка. Je ne suis qu'un mur.[11]

— Вы знаете, Рожэ, — сказал Фред, — я много думал все эти дни, когда у меня не было книг. И главное, что меня беспокоило, было следующее. Я подумал: что я собой представляю, если отбросить все, в чем я вырос и как жил потом? То есть мое далекое детство и то, что было недавно, вплоть до убийства Шарпантье и смерти Симона?

— Шарпантье не был убит, он умер в результате неловкого падения, и невольным виновником этого был Дуду, который не хотел ему зла. Симон умер от разрыва сердца, — быстро сказал Рожэ. — Но продолжай, я тебя слушаю.

— Я думал: если этого нет или если это надо отбросить, — что остается от меня? Я оказываюсь в пустоте. Вокруг меня пустота, Mr.Рожэ, и я не знаю, кто я такой.

— Построение мира! — сказал Рожэ. — Ты должен построить целый мир, Франсис. Мы ощущаем наши очертания потому, что мы окружены внешним миром, — таким, каким мы его видим и каким мы его создали. Тот, в котором ты жил, исчез, его больше нет. Ты строишь другой. И это очень долгая работа. Когда он будет кончен, ответ на твой вопрос будет найден автоматически. А теперь, я думаю, ты можешь опять приняться за чтение.

Однажды осенью — был ясный октябрьский день — Фред шел по лесу, краем глубокого оврага, и вдруг увидел, что недалеко от его середины стоял маленький, старый человек в охотничьей куртке и коричневых штанах очень плотной материи. В руке он держал шляпу, и легкий ветер поднимал его пушистые, седые волосы. На его левом боку висела матерчатая

---

[11] Я только стенка (фр).

сумка. Фред знал в лицо всех обитателей этого района. Но этого старичка он никогда не видал. Проходя мимо него, он поклонился и пошел дальше. Он сделал уже несколько шагов, когда услышал голос:

— Молодой человек!

Он обернулся и подошел к старичку. Тот посмотрел на него выцветшими глазами, улыбнулся и сказал:

— Простите меня, пожалуйста, я хотел попросить вас об одном одолжении.

Фред заметил, что он говорил на совершенно правильном французском языке, но не с тем произношением, с каким говорили местные жители.

— Я старик, вы знаете, — сказал он извиняющимся тоном, — мне трудно делать некоторые вещи, которые для вас, наверное, пустяк. Я поэтому позволил себе вас побеспокоить.

— Я к вашим услугам, — сказал Фред. — Что нужно сделать?

Старичок показал ему рукой на дно оврага.

— Видите там это растение с продолговатыми овальными листьями?

— Вижу.

— Вы не могли бы мне его достать?

— С удовольствием.

Он быстро спустился вниз, сорвал это растение — у него был особенный, горьковатый запах — и, поднявшись наверх, протянул его старику.

— Благодарю вас, — сказал тот. — Вы не понимаете вашего счастья, молодой человек! Сколько бы я дал, чтобы иметь возможность так лазить по оврагам, как вы! Вы здесь постоянно живете?

— Да, — ответил Фред. Он еще раз взглянул на него. В выражении его выцветших глаз была особенная мягкость, игрушечные седые волосы развевались на его голове, и здесь, в осеннем лесу, на краю оврага, освещенного октябрьским солнцем, он был похож на маленького старичка из какой-то забытой сказки.

— Очень вам благодарен, — повторил он. — Я вас попросил достать мне это, потому что, вы знаете, я лечу людей травами, это моя специальность. Я живу в Швейцарии. Я приехал сюда, чтобы помочь одной родственнице, которая заболела. Теперь ей значительно лучше, и я уезжаю домой. И так как я всегда собираю травы, то я пошел в этот лес посмотреть, нет ли тут чего-нибудь для меня. И вот, видите, нашел. Судьба мне послала вас, сам бы я не рискнул спуститься в овраг.

141

— Но как же вы делаете в Швейцарии? — спросил Фред.

И он подумал, что за много месяцев он впервые с кем-то разговаривает. За все это время он слышал только голос Рожэ или обменивался несколькими словами с местными крестьянами.

— Дело обстоит очень плохо, — сказал старик. — У меня есть еще небольшой запас, которым я пользуюсь. Когда он придет к концу, ну что же, придется уходить на покой. Лазить по горам и доставать оттуда то, что мне нужно, я больше не могу. Я задыхаюсь; мне трудно одолеть самый незначительный подъем. И это очень обидно, потому что десятки, если не сотни, людей будут лишены моей помощи. А я всегда полагал, что людям надо помогать.

Фред внимательно посмотрел на него — и вдруг спросил:

— И у вас нет помощника?

— Нет, — ответил старик. — Это работа не очень выгодная для молодого человека и редко кого интересующая. Молодым хочется жить самим, а не заботиться о чужих жизнях, это понятно.

Потом он поднял глаза на Фреда и спросил:

— А вас бы это могло интересовать?

— Очень, — сказал Фред.

— Прекрасно, — сказал старичок, — прекрасно. Поступайте ко мне, будем работать вместе. Только поспешите, — прибавил он с улыбкой, — потому что мне самому не так уж много осталось жить. Я вас рад буду взять, когда хотите.

— Вы говорите серьезно?

— Совершенно серьезно. Я уезжаю сегодня вечером из Франции, но я оставлю вам мой адрес, и если вы примете решение приехать, дайте мне только знать, я буду ждать вас. Если вы готовы для этого бросить ваше ремесло...

Он вынул записную книжку, вырвал из нее листок и написал карандашом свою фамилию и адрес. Потом он пожал руку Фреду и сказал:

— Ну вот, надеюсь, до скорого свиданья. Как вас зовут?

— Франсис, — быстро ответил Фред.

— Очень хорошо. До свиданья, Франсис.

— До свиданья.

Фред не заметил, как дошел до дому. Был вторник, до субботы оставалось еще бесконечно много времени. Он с нетерпением ждал Рожэ, и впервые за все свое пребывание здесь он не мог как следует сосредоточиться на том, что читал. Когда, наконец, Рожэ должен был приехать, он вышел его встречать на большую дорогу. Едва успев с ним поздороваться, он сказал:

— Мг.Рожэ, на этот раз мне нужно с вами очень серьезно поговорить.

— Что-нибудь случилось?

— Да.

— Хорошо, рассказывай, я слушаю. Фред подробно рассказал ему о встрече со старичком и о своем разговоре с ним. Он прибавил, что ему хотелось бы поехать в Швейцарию и стать помощником собирателя трав.

— Вы понимаете, Мг.Рожэ, — говорил он с непривычной для него быстротой, — это настоящая работа. И как раз та, о которой вы мне говорили давно, я этого не забыл: именно такая, которая не требует ни оправдания, ни доказательства того, что она полезна.

— Да, да, конечно, — сказал Рожэ. — Только подожди, надо выяснить, что это за человек, не шарлатан ли он.

— Нет, этого не может быть.

— Судя по твоему описанию, он не похож на шарлатана. Но на первое впечатление не всегда можно полагаться.

— А если бы выяснилось, что он порядочный человек, как бы вы отнеслись к тому, что я сказал?

— Очень положительно, — ответил Рожэ. — Что может быть лучше?

Уезжая в Париж, он обещал Фреду навести справки о собирателе трав. Вторая неделя прошла для Фреда в таком же нетерпеливом ожидании. Он все время думал о Швейцарии, и все время перед ним стоял его будущий учитель — маленькая фигура в охотничьей куртке, седые развевающиеся волосы и эта мягкость выражения в его глазах, которая определяла его такой особенный облик. Когда Рожэ, наконец, снова приехал, он сказал:

— Ну вот, Франсис, я узнал все, что мог. Этот старичок очень известен, и он действительно совершенно порядочный человек. Многих он лечит бесплатно. Он, впрочем, кажется, богат, хотя деньги, насколько я понимаю, его не очень интересуют. Я думаю, ты можешь ему написать, что ты согласен поступить к нему на службу.

Он смотрел перед собой задумчивыми глазами.

— Я узнавал, как все это происходит, — сказал он. — Работать тебе придется весной, летом и осенью. Зимой, как ты понимаешь, трав не собирают. Тебе надо будет научиться ходить на лыжах. Так как зимой ты будешь сравнительно

143

свободен, ты можешь стать гидом, это очень соблазнительно. Но ты все это увидишь сам. Давай теперь составим ему письмо.

Еще через неделю, получив от старичка ответ, Фред уезжал в Швейцарию с Лионского вокзала в Париже. Его провожал Рожэ. До отхода поезда оставалось несколько минут. Фред стоял рядом с Рожэ на перроне. Ему хотелось сказать очень многое, но он испытывал необыкновенное волнение и не находил слов.

— Мг.Рожэ, — сказал он, наконец, сдавленным голосом, — вы все понимаете. Вы понимаете, что я хотел бы вам сказать, если бы умел и мог. Я всем обязан вам. Я никогда этого не забуду. Помните, что вам достаточно будет написать мне одно слово и если я для чегонибудь могу вам быть полезен, нет вещей, которые помешали бы моему возвращению.

— Спасибо, Франсис, — ответил Рожэ, — я это знаю. Я тебя искренне люблю. Я приеду к тебе в Швейцарию, мы еще увидимся. Я отправляю тебя со спокойной душой: я знаю, что ты оправдаешь наше доверие — твоего старичка и мое.

Он пожал ему руку. Когда поезд отошел, он долго еще продолжал стоять на краю перрона и смотрел вверх, туда, где за электрическими проводами, столбами и водокачками открывалось высокое небо. Оно было таким же, как всегда. Он видел тот же его сверкающий, прозрачный свод в незабываемые дни Голгофы и в далекие времена крестовых походов. Он был убежден, что он существовал всегда, и ему казалось, что он помнит тогдашнее небо — совершенно такое же, как теперь.

* * *

В жизни Роберта многое изменилось с того дня, когда он привез к себе Жанину, которая навсегда осталась с ним. Когда он подумал об этом почти через год, он вдруг понял, что нашел ту душевную свободу, которой у него раньше не было. Все его сомнения по поводу ценности тех или иных понятий, тех или иных отвлеченных систем и непосредственных проблем, возникавших перед ним, потускнели и отошли на второй план, оттесненные личными переживаниями, которые были важнее всего остального. Он знал самое главное — все другое было второстепенное. Жанина пополнела и изменилась; но прежнее выражение ее глаз всякий раз, когда она встречала взгляд Роберта, неизменно вызывало в нем тот же прилив чувства, что раньше, и этого ничто, казалось, не могло изменить.

144

С недавнего времени у него появилось еще одно, чего тоже не было до сих пор, — сознание личной ответственности за себя и за Жанину. Он стал чуть ли не ежедневно бывать на фабрике и проводить там несколько часов подряд, интересуясь всем, что там происходило. Через полгода он знал почти все, что нужно было знать об этом. Постепенно вышло так, что все окружающие стали смотреть на Роберта как на лицо, менее значительное, чем Андрэ Бертье, но более значительное, чем директор. Вначале это стесняло его, но потом он к этому привык. Со временем он настолько втянулся в работу, что, когда он почему-либо не бывал на заводе несколько дней, ему хотелось туда вернуться, чтобы посмотреть — все ли идет так, как он привык это видеть.

Но больше всего времени он все-таки проводил с Жаниной. Ему казалось, что его собственная жизнь похожа на блистательный день, за которым, насколько хватало его воображения, не было видно ни сумерек, ни ночи. Он никогда не был способен испытывать бурные чувства, и его чувство к Жанине было спокойным. Но то, что вне этого чувства его жизнь теперь была бы лишена смысла, — эта мысль была в нем так же сильна, как в первые дни и недели его близости с ней. Ему неизменно казалось, что до встречи с ней в его существовании вообще ничего не было, и в известной мере это было верно, — ничего, если не считать его длительных сомнений в достаточной или недостаточной обоснованности какого-то отвлеченного морального принципа, в относительности или бесспорности очередного изменения в теории эволюции. Эти вопросы не потеряли для него своего интереса. Но это были отвлеченные сомнения по поводу далеких вещей.

В противоположность ему, Жанине было что вспоминать. Но так как все или почти все ее воспоминания были печальные, то она никогда не думала ни о своей работе, ни о своих родителях, и только время от времени она возвращалась к мысли о своем детстве, когда она жила в деревне. Но и это теперь настолько отдалилось от нее, что ей начинало казаться, будто эти ранние годы ее жизни прожила какая-то другая девочка, а не она сама, девочка, совершенно похожая на нее и все-таки чем-то чужая.

Однажды, когда Роберт сидел в кресле и читал газету, она посмотрела через его плечо и вдруг сказала:

— Покажи-ка.

Он протянул ей газету и увидел, что она внимательно

смотрит на фотографию молодой женщины, помещенную под заголовком «Ренэ Фишэ, указательница адресов». В небольшой заметке было сказано, что завтра начинается процесс Ренэ и ее сообщника, Эдуарда Мартэна, которого называли Дуду. Ренэ поступала горничной в богатые дома, которые она потом обкрадывала с помощью Дуду. Жанина прочла статью и вздохнула.

— Почему ты вздыхаешь? — спросил Роберт.

— Потому что я знаю Ренэ, — сказала она. — Ренэ раньше работала для Фреда.

— Для Фреда? Ах, да, — сказал он. Он сразу вспомнил фигуру с покатыми плечами, шляпу набекрень и неподвижные глаза на худом лице. — Что с ним стало, интересно знать?

— Наверное, продолжает жить так же, как раньше, — ответила Жанина.

— Не знаю, не знаю, — сказал Роберт. — Я в этом не уверен.

— А почему бы это могло быть иначе?

Она сидела на ручке его кресла.

— Этого я не могу тебе сказать, Жанина. Но все поиски его были безрезультатны: он исчез. Может быть, он погиб в каком-нибудь сведении счетов, может быть, уехал из Парижа и живет в другом месте. Но он, во всяком случае, пропал.

— Он все-таки страшный человек, — сказала Жанина. — Даже теперь я не могу вспомнить о нем без ужаса.

— Что-то в нем было странное, — сказал Роберт. — Я не забуду выражения его глаз, когда он сидел на полу, рядом со своим револьвером, и когда он мне сказал, что даже не мог его взять. Где он? Что с ним?

— Я надеюсь только на одно, — сказала Жанина, — что я больше никогда его не увижу.

Но кроме Роберта и Жанины, внимание которой было привлечено фотографией Ренэ, вызвавшей по понятным причинам почти забытое представление о человеке, с которым было связано начало ее теперешней жизни, и кроме Рожэ, постоянно думавшего о нем, — никто не вспоминал Фреда. Люди, близко знавшие его, вообще не были расположены к воспоминаниям, кроме того, у них была их собственная жизнь и собственные заботы, как у Ренэ или Дуду. Все было так, как если бы Фред умер, не оставив после себя следа. В том мире, где он жил, не было места для бесплодных чувств иди бесплодных сожалений, и все, что там происходило, могло быть сведено к нескольким словам, последовательность которых никогда не менялась: жизнь, рана или болезнь, смерть, морг, забвение. После того как Фред не вернулся на rue St.Denis, было ясно, что он умер или переменил образ жизни, — что было, в сущности, одним и тем же. И уже через несколько месяцев все, что было связано с ним, было забыто. Даже его фотография, висевшая на стене в комнате Жинетты, была снята, разорвана и выброшена в мусорный ящик. По-прежнему горели желтым светом электрические буквы над «Золотой звездой», и пианист Жаклина, со своим узким напудренным лицом и пиджаком в талию, играл на рояле, и те же посетители или другие, чрезвычайно похожие на них, танцевали в облаках папиросного дыма, и полицейские со скучающими выражениями по-прежнему стояли на ближайшем углу улицы. Но вместо огромного Жерара за стойкой суетился невысокий человек со смуглым лицом и черными завитыми волосами, новый хозяин дансинга. Вместо Лазариса в его маленьком магазине был теперь польский еврей, который действительно торговал готовым платьем и не занимался ничем другим. Но это были чисто поверхностные изменения, в остальном все было по-прежнему. И в этой жизни исчезновение Фреда не имело никакого значения. Пока он существовал и жил в комнате гостиницы на rue St.Denis, его знали и боялись. Теперь его не стало — больше ничего.

И это было тем более законно и естественно, что тот Фред, который был известен на гие 81.оеш8, действительно перестал существовать, — как это ему уже давно сказал Рожэ, — и вместо него появился другой человек, которого звали Франсис и который жил, окруженный тревожной пустотой, где медленно возникал новый мир, не имевший ничего общего с тем, откуда он пришел. Фред сам забыл о своем прошлом, и ему не нужно было для этого никакого усилия. Но те слова, которые ему говорил Рожэ, с каждым днем приобретали для него все более глубокое значение. Он неоднократно повторял их себе и чувствовал при этом восторженное исступление. «Этим людям надо помочь. Для меня лично в этом смысл человеческой деятельности. Огромное большинство людей надо жалеть. На этом должен строиться мир». Фред был готов отдать все свои силы на это, чтобы оказаться достойным доверия Рожэ. В этом было определение всего, и в этом он видел теперь смысл своего существования. Ему казалось, что каждый шаг приближает его к подлинному пониманию того, что является самым главным и по сравнению с чем любые испытания не имеют никакого значения.

Он думал об этом поздней осенью, в Швейцарии, возвращаясь к тому домику, который днем, при ясной погоде, был виден оттуда, где он находился, но который сейчас скрывало от него сумеречное неверное освещение. Он шел знакомой дорогой, уже почти в темноте, над глубокой скалистой пропастью, в которую он столько раз пристально смотрел днем. Несколько минут тому назад огромный камень, который сместился по неизвестной причине, скатился в нее где-то впереди, и шум его падения отозвался в повторяющемся эхе. Стало совсем темно. Фред шел вперед своей легкой походкой, и ему опять показалось с необыкновенной убедительностью, что каждый шаг действительно приближает его к тому, о чем говорил Рожэ, и что теперь нет в мире силы, которая могла бы его остановить и заставить его отказаться от этого.

Но он не мог знать, что для этого понимания и выполнения того, что было теперь его главной целью, и для жизни в этом новом, блистательном мире у него не оставалось времени — потому что кусок скалы, падение которого он слышал несколько минут тому назад, сорвал и увлек за собой часть узкой тропинки, огибавшей отвесный выступ горы, — тропинки, по которой проходил его путь. Стало очень холодно и темно, на облачном небе не было ни луны, ни звезд. Фред шел вперед, приближаясь к тому месту, где недавно, с грохотом цепляясь за скалу, пролетел оторвавшийся камень. Он не видел ничего перед собой — и вдруг земля ушла из-под его ног.

Его труп подняли через несколько дней. Тело его было разбито, руки и ноги сломаны, но лицо не пострадало, и мертвые его глаза прямо и слепо смотрели перед собой — в то небытие, из которого он появился и которое вновь сомкнулось над ним в холодной и безмолвной тьме.